は、あなたのそばにいる！

地球カエル

９匹のカエルの中で、ビジネスセンスにおいて最も恵まれた「天才」を持つタイプ。その気になれば、一代で財を成すことも可能（→詳しくは56ページ参照）。

天カエル

頭脳明晰で洞察力に優れたリーダーになれる「天才」を持つタイプ。９匹のカエルの中で、最も運がよく、失敗も少ない。立志伝中の人も多い（→詳しくは60ページ参照）。

オアシスカエル

社交的でおしゃべり上手なコミュニケーションの「天才」を持つタイプ。その朗らかさでたくさんの人を元気づけると、自然とお金が集まってくる（→詳しくは64ページ参照）。

山カエル

何でもできるオールマイティな「天才」を持つタイプ。何事にも動じない強さがある。どっしり構えて安心感を周囲に与えられれば、お金に困らない（→詳しくは68ページ参照）。

火カエル

カンの良さ・先を見通す力に優れた「天才」を持つタイプ。目標を定めたらそこに向かって突き進むことで、お金はいくらでも入ってくる（→詳しくは72ページ参照）。

あなたのカエルがわかる「早見表」

自分の生まれ年から、あなたのカエルがわかります。
なお、1月1日から節分までの生まれの方は、
前年の「カエル／十干／十二支」が適用されます。
詳しくは36～39ページをご覧ください。

注）印がない年は、2月3日が節分です。
●印の年は、2月2日が節分です。＊印の年は、2月4日が節分です。

西暦	元号	カエル	十干	十二支
1937	昭和12	火カエル	丁	丑
1938	昭和13	山カエル	戊	寅
1939＊	昭和14	オアシスカエル	己	卯
1940＊	昭和15	天カエル	庚	辰
1941	昭和16	地球カエル	辛	巳
1942	昭和17	風カエル	壬	午
1943＊	昭和18	雷カエル	癸	未
1944＊	昭和19	谷カエル	甲	申
1945	昭和20	水カエル	乙	酉
1946	昭和21	火カエル	丙	戌
1947＊	昭和22	山カエル	丁	亥
1948＊	昭和23	オアシスカエル	戊	子
1949	昭和24	天カエル	己	丑
1950	昭和25	地球カエル	庚	寅
1951＊	昭和26	風カエル	辛	卯
1952＊	昭和27	雷カエル	壬	辰
1953	昭和28	谷カエル	癸	巳
1954	昭和29	水カエル	甲	午
1955	昭和30	火カエル	乙	未
1956＊	昭和31	山カエル	丙	申
1957	昭和32	オアシスカエル	丁	酉
1958	昭和33	天カエル	戊	戌
1959	昭和34	地球カエル	己	亥
1960＊	昭和35	風カエル	庚	子
1961	昭和36	雷カエル	辛	丑
1962	昭和37	谷カエル	壬	寅
1963	昭和38	水カエル	癸	卯
1964＊	昭和39	火カエル	甲	辰
1965	昭和40	山カエル	乙	巳
1966	昭和41	オアシスカエル	丙	午
1967	昭和42	天カエル	丁	未
1968＊	昭和43	地球カエル	戊	申

西暦	元号	カエル
1969	昭和44	風カエル
1970	昭和45	雷カエル
1971	昭和46	谷カエル
1972＊	昭和47	水カエル
1973	昭和48	火カエル
1974	昭和49	山カエル
1975	昭和50	オアシスカエ
1976＊	昭和51	天カエル
1977	昭和52	地球カエル
1978	昭和53	風カエル
1979	昭和54	雷カエル
1980＊	昭和55	谷カエル
1981	昭和56	水カエル
1982	昭和57	火カエル
1983	昭和58	山カエル
1984＊	昭和59	オアシスカエ
1985	昭和60	天カエル
1986	昭和61	地球カエル
1987	昭和62	風カエル
1988	昭和63	雷カエル
1989	昭和64/平成元	谷カエル
1990	平成 2	水カエル
1991	平成 3	火カエル
1992	平成 4	山カエル
1993	平成 5	オアシスカエ
1994	平成 6	天カエル
1995	平成 7	地球カエル
1996	平成 8	風カエル
1997	平成 9	雷カエル
1998	平成10	谷カエル
1999	平成11	水カエル
2000	平成12	火カエル

	十干	十二支
	己	酉
	庚	戌
	辛	亥
	壬	子
	癸	丑
	甲	寅
ル	乙	卯
	丙	辰
	丁	巳
	戊	午
	己	未
	庚	申
	辛	酉
	壬	戌
	癸	亥
ル	甲	子
	乙	丑
	丙	寅
	丁	卯
	戊	辰
	己	巳
	庚	午
	辛	未
	壬	申
ル	癸	酉
	甲	戌
	乙	亥
	丙	子
	丁	丑
	戊	寅
	己	卯
	庚	辰

西暦	元号	カエル	十干	十二支
2001	平成13	山カエル	辛	巳
2002	平成14	オアシスカエル	壬	午
2003	平成15	天カエル	癸	未
2004	平成16	地球カエル	甲	申
2005	平成17	風カエル	乙	酉
2006	平成18	雷カエル	丙	戌
2007	平成19	谷カエル	丁	亥
2008	平成20	水カエル	戊	子
2009	平成21	火カエル	己	丑
2010	平成22	山カエル	庚	寅
2011	平成23	オアシスカエル	辛	卯
2012	平成24	天カエル	壬	辰
2013	平成25	地球カエル	癸	巳
2014	平成26	風カエル	甲	午
2015	平成27	雷カエル	乙	未
2016	平成28	谷カエル	丙	申
2017	平成29	水カエル	丁	酉
2018	平成30	火カエル	戊	戌
2019	平成31/令和元	山カエル	己	亥
2020	令和 2	オアシスカエル	庚	子
2021●	令和 3	天カエル	辛	丑
2022	令和 4	地球カエル	壬	寅
2023	令和 5	風カエル	癸	卯
2024	令和 6	雷カエル	甲	辰
2025●	令和 7	谷カエル	乙	巳
2026	令和 8	水カエル	丙	午
2027	令和 9	火カエル	丁	未
2028	令和10	山カエル	戊	申
2029●	令和11	オアシスカエル	己	酉
2030	令和12	天カエル	庚	戌
2031	令和13	地球カエル	辛	亥
2032	令和14	風カエル	壬	子

金運を引き寄せる カエル

下に描かれた９匹のカエルのどれかは、あなたの分身といえます。人生で成功し、金運をつかむためには、自分自身の「天才」（天から授かった才能）に気づき、それを活かした生き方をすることが大切です。裏のページには、下記の９匹のカエルのうち、あなたのカエルがどれであるかがスグにわかる表を付けています。本書を読み始める前に、ぜひ確認してください。

水カエル

相手に合わせて、形を変幻自在に変えられる「天才」を持つタイプ。清濁併せ呑む調整力を身につけると、お金も名誉も手に入り、社会的にも成功する（→詳しくは40ページ参照）。

谷カエル

慈悲深く、どんな人をも優しく包み込む「天才」を持つタイプ。一見、金運とは無縁だが、無償の愛が深いほど、それが金運となって我が身に降りそそぐ（→詳しくは44ページ参照）。

雷カエル

独創性とひらめきのパワーが強い「天才」を持つタイプ。誰も見たことのない世界を築くことで、大きな金脈を掘り当てる（→詳しくは48ページ参照）。

風カエル

万人から愛される「天才」を持つタイプ。我を出さずに、人と人をつないで、分け与えていく生き方をすることで、愛されながらお金持ちになれる（→詳しくは52ページ参照）。

人生に大事なことは、９匹のカエルが教えてくれる

お金持ちになれる「金運カエル」の育て方

気学的人生設計のすすめ

さとうたくじ

アルファルマ株式会社代表取締役
日産鮎川義塾九州本校塾長
講演家／実業家／薬剤師

主婦と生活社

第1章 あなたがお金持ちになるためのファーストステップ

CONTENTS

第2章

「9匹のカエル」の中に、あなたを導くカエルがいる

第3章

眠っている「才能」に気づければ、1%の努力でも金運を引き寄せられる

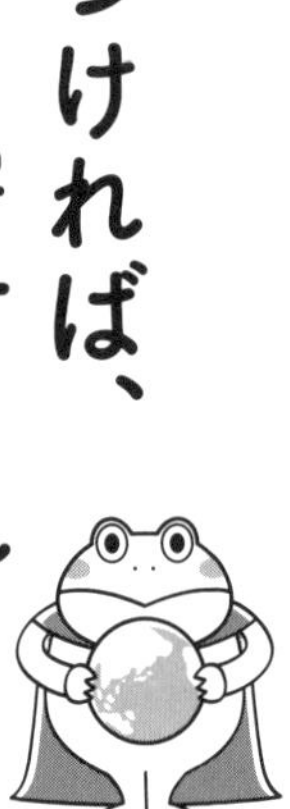

CONTENTS

第4章

お金に好かれる人がやっている「7つの習慣」

第5章

人間関係がまわり出すと、お金もまわり出す

CONTENTS

第6章

金運バイオリズムは、9年周期で巡る

はじめに

自分の「天才」に気づくことが、努力よりも大切です

じつは「天才」とは、天からすべての人に与えられる才能のことであり、一部の限られた人にだけ授けられるものではありません。神様は、すべての人にギフトとしてさまざまな能力を授けています。**しかし、その自分の「天才」（＝真の強み）に気づいていない人があまりにも多い**のです。

自分がもつ〝真の強み〟に気づかぬままいくら頑張っても、それはある意味、ムダな努力。**自分の真の才能に気づきさえすれば、ガムシャラな努力などしなくても、金運をカンタンに引き寄せることができる**のです。

まさに、私がそうでした。歌舞伎町の元ホストから努力して薬剤師となり、でもそれに飽き足らずに起業して失敗し、倒産。その後、必死になって働いて独立・開業したものの、失敗して6000万円の借金を背負うような人生。それが、自分の「天才」

に気づけたら、あっという間に、今では年商5億円、個人資産3億円の会社経営者になれたのです。


神社に行って、カエル（蛙）の石像を見たことはありますか?

埼玉県富士見市にある水宮神社は、狛犬《こまいぬ》ならぬ狛蛙が置かれています。口の形も右が「阿《あ》」で左が「吽《うん》」と、一対になっています。

じつは、カエルはお金を呼び込む〝最強のラッキーアイテム〟です。

水は農作物を育む豊穣と繁栄の源です。カエルが住んでいるのは、水がたっぷり引かれた田んぼです。ですから、水の中から生まれるカエルはとても神聖な生き物で、昔から富の象徴だったのです。

そのいわれを受けて、あなたのまわりにもお財布に小さなカエルのお守りを入れている人がいるかもしれません。カエルのお守りは、「なくした物がかえる」「家に無事にかえる」「若がえる」などと、語呂あわせの縁起物でもあります。

本書では、読者であるあなた自身をこのラッキーアイテムのカエルになぞらえて、「お金が倍々になってあなたのもとに返ってくる」方法をお伝えします。

◆「天才」といえる才能を、人は誰もが持っている

巻頭の2つ折りページで紹介した「9匹のカエル」のうちの1匹が、あなたの「天才」を示しています。誰もが、「天才」といえる才能をもっています。「努力」以前に、自分の「天才」を知ることが重要です。**本書で紹介するカエルの性質を知ることで、自分の人生のシナリオを書き換えることが可能**なのです。

のちほど詳しく説明しますが、この「9匹のカエル」は、私が勝手にでっち上げたいかがわしいものではありません。本書は、古《いにしえ》の時代に渡来した中国哲学と、日本古来の神道などを中心とする「自然法則に順《したが》う」ことを大事にする日本精神とを融合させた学問「気の學問」をベースに作られています。

戦前に日本の十五財閥のひとつに数えられた日産コンツェルンの創始者である鮎川義介氏は、この学問に事業哲学を加えたメソッドを確立して、日産や日立といった日本を代表する会社の育成にも携わり、大きな成功を収めました。

鮎川氏の事業哲学のキモとなる考えのひとつが、「私たち人間には一人ひとり、地球から与えられたメッセージ（天賦の才）があり、それにしたがって、それを生かす道こそが、職業の適性であり、経営であれ、人生であれ、家庭であれ、大成する秘訣だ」というものだそうです。

この鮎川氏の理念を受け継いでいる、東洋思想に造詣の深い思想家・実業家である徳山暉純氏から、私は直接この学問を学びました。つまり、私は日産コンツェルン創始者・鮎川義介氏の「孫弟子」といえるのかもしれません。

経営の神様といわれた松下幸之助氏も、「私たち人間はこの宇宙秩序に素直に順応すれば繁栄を得るし、これにそむけば、一時栄えるようなことがあっても、結局いろいろな障害が起こってきて、ついには行きづまる」と書いています。経済的な成功者には共通する考え方があるのかもしれません。

今の自分の考え方のルーツの話をしていたら、なんだか小難しそうな自慢話になってしまいました。お伝えしたかったことは、**本書の内容は私ひとりで考え出したものではなく、過去の偉大なる哲学者や経営者が教えてくれたものを受け継ぎ、自分なり**

に咀嚼《そしゃく》したものだということです。

ただし、「9匹のカエル」を通してその教えを伝えようというアプローチ「金運気学」は、本書で初めて公開するものです。私が徳山氏から学んだ内容は深くて素晴らしいものなのですが難しくもあるので、多くの人に簡単に理解してもらえるように私なりに工夫をしました。

◆「9匹のカエル」と「20の才能」が、あなたの人生を変える

繰り返しになりますが、巻頭の2つ折りページで紹介した9匹のカエルのうちの1匹が、あなたの「天才」を示しています。**カエルは、あなたの才能の象徴です。生まれ年によって、あなたは必ずこの「9匹のカエル」のどれかに該当します。**

9種類のどのカエルも、神様から授かった才能を20ずつ持っています。1匹1匹のカエルが持つ20の才能を開花させることで、あなたの真の強みを人生で活かしていくことができるのです。20の才能のうち、あなた自身がまだ気づくことができず、開花していない才能が必ずあります。ガムシャラに努力するよりも、本書でその才能に気

づき、伸ばしていくことのほうが重要です。

なぜなら、あなたの**カエルが持っている「20の才能」のうち、いくつマスターするかで、あなたの人生を幸せにする確率が変わる**からです。

「大賢者」は、20の才能のうち、すべてをマスターした最強の運勢のカエルです。自分の中に秘められている潜在的な才能をひとつずつ確実に自分のものにしていくと、「卵→オタマジャクシ→カエル→賢者→大賢者」と運気レベルがアップします。

「運気を上げる」なんて、「なんだ、占いの本か」と思う人もいるかもしれませんね。しかし、本書の内容は単なる占いではありません。すでにお伝えしているとおり、古来から伝わる学問をベースとしていて、その判断は統計学的なものです。さらには、成功者の事業哲学も加わっています。

また、私が学んだ心理学、NLPの内容も応用して加えています。私は、全米NLP協会公認トレーナーの資格も持ち、指導にもあたっています。

本書でお伝えする「金運気学」の内容は、あなたのこれからの豊かな人生を指し示すものとなり、幸せな人生のゴールに向かう最短距離を示してくれるでしょう。なぜか思うようには物事が進まないでいるあなたの人生を、よい方向に変える方法がたくさん詰まっています。

◆人生のどん底にいた私が、金運を引き寄せることができた理由

かくいう私も、自分の才能に気づけていない、何も知らない「卵」でした。東京生まれ、熊本育ちである私は、ごく普通の家庭で育ちました。一浪の末、東京の薬科大学に合格。両親からは学費だけ出してもらうという約束で上京し、東京での生活がスタートしました。床は傾き、半地下のような家賃5万円のアパートでひとり暮らしを始め、朝から晩までアルバイトを掛け持ちして生活費を捻出。大変でしたけれど、それなりに充実した生活を送っていました。

ところが、成績の悪さから留年。そのぶんの学費を自分で稼ぐことになったのです。薬学部の学費は、文系の学部の約2倍です。フツーのアルバイト代ではお金が足りず、**大学4年のとき、新宿の歌舞伎町でホストの世界に足を踏み入れました。**

一時は、歌舞伎町ホストの新人賞をもらうほどに評価されていました。けれど、お

酒に弱い体質だったので肝臓を悪くして体を壊し、ホストとしても〝落ちこぼれ〟となり、本末転倒な時期を送りました。それでもなんとか大学を卒業し、夜の世界も〝卒業〟。先ほどの運気のレベルでいうと、このころは「卵→オタマジャクシ」の時期。自分の「天才」（＝真の強み）に気づけずに、もがいていたといえます。

　無事に大学を卒業したものの、その年の薬剤師の国家試験は不合格。翌年の国家資格でなんとか合格し、薬剤師として一歩を踏み出しました。しかし、働いているうちに次第に「一薬剤師で終わりたくない！」という思いが強くなり、起業を志します。でも、今から振り返ってみれば、**薬剤師にはなれたものの、自分の「天才」を気づけぬままに右往左往するなかでの起業でした。すぐに経営が立ち行かなくなり、たった1年で倒産**してしまいます。

　再度独立を目指し、チェーンの薬局でガムシャラに働いていたところ、その姿を製薬卸会社の社長が認めてくださり、薬局を開業。このころ、その後の師匠となる徳山暉純氏と出会い、それまでの自分の人生の浮き沈みが、その教えとぴたりと一致することに驚愕《きょうがく》することになります。

　しかし、**第2号店を出す際、失敗して大損害を出し、6000万円の借金を背負う**

ことになりました。これをきっかけに、改めて徳山氏の教えを真剣に学ぶことを決意。実践的な開運ツールとして、徳山氏の教えを本格的に自分の人生へ活用し始めました。すると、すべての運が好転し、私の運気はようやく、「カエル↓賢者」へと進化したように感じています。

◆カエルは、人生のあらゆる場面に存在する

歌舞伎町の元ホストから薬剤師となり、それに飽き足らずに起業して失敗し、その後も6000万円の借金を背負うような経験を乗り越えて、今では年商5億円、個人資産3億円の会社経営者になったというと、私のことを〝特別な人〟と思うかもしれません。

でも、冷静に振り返れば、有効な努力の方向性を見つけ出せずに、人生の途中まではただただ右往左往する日々を送っていたともいえます。本書でお伝えする教えに出合わなければ、私の今の幸せは手に入っていなかったでしょう。

本書を手にしたあなたは今、私と同様に（いや、私以上に）、人生の成功者になれるツールを手にしたのです。あとは、実践あるのみです。

カエルは人生のあらゆる場面に存在し、あなたを応援しています。

あなたを応援する成功のキーワードとして、さまざまな言葉に「カエル」が散りばめられているのをご存じですか？

人生を振りカエル／思考をカエル／マインドをカエル／生き方をカエル／才能をお金にカエル／好きなものがカエル／人生をカエル……。

身近にいるカエルの存在に気づきましたか？　あなたの人生をケロッと変えることができるカエルと一緒に、しっかりと金運をつかんで、幸せを手に入れてください。

さとう　たくじ

STAFF
装丁・本文デザイン　斉藤よしのぶ
イラスト　森マサコ
編集協力　福元美月、「comic flow」岡田光津子
DTP組版　東京カラーフォト・プロセス株式会社
校正　株式会社鷗来堂
企画協力　株式会社天才工場　吉田浩

第1章

あなたがお金持ちになるためのファーストステップ

「人としての器」とは別に、「お金の器」が大きい人、小さい人がいる

人間的に人の言動などを広く受け止められる人を、「器の大きい人」といいます。一方、自分本位な人や他人を妬む人などは、「器の小さい人」といわれます。

じつは**お金にも器があり、その人ごとに持っている「お金の器」は違います。コップくらいの器の人もいれば、バケツくらいの器の人もいます。**器が大きいほど、どんどんお金が入ってきてお金持ちになれます。しかし、器の小さい人は、いつまでたっても貧乏です。

でも、**「お金の器」の大きさは一生同じかというと、そんなことはありません。**チャンスをつかみ、活かすことができれば、器の大きさを10倍にも100倍にもすることが可能です。反対に、せっかく大きな器を持っていても何の努力もしなければ、器はどんどん小さくなっていきます。

お金持ちになる方法はいくつかあります。

ひとつめは、もともとお金持ちの家に生まれ、親から財産を受け継ぐことです。しかし、自分自身のお金の器を大きくしておかないと、受け継いだお金は器からあふれて手元に残りません。

ふたつめは、お金に働いてもらうことです。株式投資、仮想通貨、不動産投資など、現代はお金を貯めるのではなく投資で増やす時代です。ネット社会に飛び交うさまざまな情報を判断する目を養い、お金の器を大きくすると同時に資産も増やしていく方法です。

誰にでもできる仕事をコツコツやっていては、いつまでたってもお金持ちにはなれません。かといって、ひとつめの方法は限られた人にしか与えられず、ふたつめの方法も「金儲けの才能」を持ち合わせていないと難しいでしょう。

じつは、お金持ちになる方法がもうひとつあります。自分の才能をお金に変えていく方法です。

人は皆、天から授かった才能、つまり「天才」を持っています。どんな人も20個もの「才能」を与えられているのです。自分自身が生まれ持っている才能は、磨くほどに伸びていき、お金に変わっていきます。

自分が得意とするやり方で仕事に携われば、自然とお金も入ってきますし、やりがいを持ってとことん頑張れます。**やりがいがいつしか志に変わっていくと、仕事は「志事」になります。そうなれば、「お金の器」もどんどん大きくなっていきます。**

しかし、自分の才能がわからない人や、どう活かせばいいのかわからない人もいます。というか、ほとんどの人が「わからない人」といえるかもしれません。

それを見極められるのが金運気学です。金運気学を知れば、好きなことや得意なことだけでなく、自分でも気づかなかった「才能」に気づくことができます。才能を活かした仕事がやがて「志事」となり、充実した豊かな人生を送ることができるのです。

金運ルール1

持っている器の大きさによって、お金の量が変わる。自分の「才能」に気づくと、器が大きくなる。

お金持ちになれる人は、「手段」と「出発時間」をきちんと選ぶ

もし、あなたが東京から大阪まで移動するとしたら、どんな手段を選ぶでしょうか。

昔は、車も新幹線もなく、みんな徒歩でした。江戸から大阪までは15日ほどかかりました。現在、よほどの理由がある場合を除き、わざわざ徒歩を選ぶ人は誰もいないでしょう。

ここで私が言いたいのは、**夢＝「人生の目的地」に到達するために便利な交通手段があったとしても、それを使わないで、わざわざ自分の足で歩いていく人が多い**ということです。

新幹線を使えば1時間で行けるところを、山を越えて川や谷を渡り、苦しい思いをしながら必死で何日も歩き続けるような人が、意外に多いのです。

では、なぜ車や新幹線があるのに、徒歩を選んでしまうのでしょうか？　苦しい道

を進む人は、人生の交通手段に「新幹線」という便利な乗り物があることを知らないのです。だから、つらい思いをして歩くのが当然だと思っています。努力の方向性を勘違いしているのです。

一方、**自分の願いを実現できる人は、最短距離で行く移動手段を知っています**。新幹線を使っても叶えられないような大きな願いのときは、飛行機に乗ります。大量の荷物がある場合は、船を選びます。

あなたがこれから成功したい！　金運を上げたい！　と思っているなら、自分の状況に応じて、つねに最適な移動手段を選べばよいだけです。本書では、そのための方法を9匹のカエルがあなたに伝えていきます。**自分が生まれ持ったカエルの性質を知り、それに見合った方法を取り入れるだけで、金運の扉が次々と開いていきます**。

今、自分がいる現在地を知り、目的地まで最速・最短で到着できる交通手段を知れば、誰もが夢を叶え、自分らしい幸せな人生を歩むことができます。そのための指針として、ぜひあなたのカエルが伝えるメッセージに耳を傾けてみてください。

とくに注意していただきたいのは、人によっては新幹線の「終電時間」が早い場合があるということです。たとえば風カエル（→52ページ）の人は運勢が初年運（20代から運が開く）なので、人生のピークを迎える年齢が早いのです。中年運（30～40代で運が開く）や晩年運（40代以降で運が開く）の人に比べたら、早めに目的地に達していないと、人生に遅れを取ってしまいます。もちろん、そのためのリカバリー方法もありますから、安心して読み進めてくださいね。

目標に到達する手段を選び、素早く実現させる術こそが本書でお伝えする金運気学なのです。ぜひあなたも、幸せになるためにカエルを味方につけて、夢を叶えるグリーン車のチケットを手に入れてください。

金運ルール2

人生にはタイムリミットがある。
最短、最速で目的地まで行く方法を見つけよう。

お金たちの〝ひそひそ話〟に耳を傾けたことはありますか？

お金たちが長い時間を過ごすお財布の中身は、つねにきれいにしておく必要があります。あなたのお財布の中は、いかがでしょう。レシートやショップカードなどがパンパンに詰まっていませんか？　お札の上下を不揃いのまま入れていませんか？

これまでさまざまな人たちのお財布を見てきましたが、**裕福な暮らしをしている人ほど、お財布の中身はきれいに整っています**。お札の上下も、きちんと揃えられています。その逆もまたしかり。お金との縁が薄い人たちのお財布には、レシートやショップカードが乱雑に入り、お札は上下が不揃いのまま入っています。

霊感が強い人は、お金を雑に扱っている人のお財布の中からお金たちの〝ひそひそ話〟が聞こえてくるそうです。ご主人様のためにしっかり働こうと、巡り巡ってやってきたのに、レシートやショップカードの間に乱雑に入れ込まれたら……お金たちは、人に聞こえないところで、こんな会話をしているかもしれません。


「ここって窮屈だよね」

「うん、居心地悪いよね」

「そろそろ引っ越そうか」

「そうだね。ここの環境は変わらないみたいだしね」


こんなふうに話しながら、新入りのお金には「長くここにいないほうがいいよ」と伝えているとしたら、お金が貯まることはまずないでしょう。

反対に、

「ここは住みやすいよね」

「使ってくれるご主人様が最高だね」

「居心地いいからずっといたいね」

「周りの環境もいいしね」


などと話している場合もあるでしょう。こういうお財布を持つ人のもとには、なぜか自然とお金が集まってくるものです。

私に霊感はないので、実際にお金たちが話をしているのを聞いたことはありません。けれど、自分のお財布の中身を見れば、お金たちが気持ちよく、そこにいてくれているかどうかはわかります。お財布の中をいつもきれいに整理整頓し、つねに使いやすい気持ちのよい状態にしているからです。

相手が今何を考え、何を望んでいるか。どのタイミングで、自分はどう動けばいいか。それによって、相手にどんなメリットを与えられるか。**お財布の中にあるお金の気持ちだけでなく、こんなふうに細かく物事を観察する目は、お金を稼ぐうえで大切なもの**です。これらの結果として、お金が巡ってくるからです。

あなたのお財布の中のお金たちは、どんな気分でそこにいるのでしょうか。もし「ここは居心地悪いな」という声が聞こえてくるようでしたら、まずはお財布の中身の整理から始めてみてください。

金運ルール3

お財布の中でお金たちはどんな気分かを考えてみる。まずはお財布の整理から始めよう。

道端の1円玉を拾える人に、お金は巡ってくる

道端に1円玉が落ちていました。あなたは拾いますか？　それとも、すっと目をそらして、通り過ぎますか？　では、それが1000円札だったら、あなたはどうしますか？　きっと拾う人がほとんどでしょう。ではなぜ、1円玉のことは見て見ぬふりをするのでしょうか。

この1円玉を人にたとえると、こうなります。仕事で失敗して、上司や関係先から叱責を受け、給料も減収となり、家族からも冷たい目で見られている。そんなとき、誰かが味方についてくれたり、仕事の挽回のために力を貸してくれたり、お金を融通してくれたりして、**不幸のどん底から拾い上げてくれた。そんなとき、私たちは助けてくれた人に恩を感じ、感謝の気持ちを持ち続けるでしょう。**

きっと、道端の1円玉も同じ気持ちだと思うのです。まずは、「拾ってくれてありがとう」と感謝されます。そして、「たいてい、私は道端に落ちていても、ほったらかしにされる。だけど、この人は拾ってくれた。嬉しいな」という気持ちから、お財布の中で100円玉や10円玉、5円玉たちに、こんなふうに話してくれているはずです。「ここのご主人様は、どんなお金も大事にしてくれるんだね。次はより大きなお金になって、ここに戻ってきたいな」

そのうちにお財布の中でのお金同士の会話がどんどん弾み、一度出て行ったお金がさらに大きなお金となって、戻ってくるという循環が起こり始め、金運も上がっていきます。1円玉に見向きもしなかった人には、こういうことは起こりません。

1円玉は私たちが認識しているよりも、大きな価値を持っているのです。それに気づかず、見て見ぬふりをしていたら、いつか「一円を笑うものは一円に泣く」ということになりかねません。ちなみに、1円玉の原料はアルミニウムですが、1枚作るのに推計では約3円かかるのだそうです。

仕事や日常生活でも、同じことがいえます。損得勘定ばかりしていたり、自分より目下の人には尊大な態度を取ったり、都合が悪いことは見て見ぬふりをしたりしていたら、窮地に立ったとき、誰からの助けも得られません。これでは金運だって、上がるはずがないのです。

でも、この本を手に取ってくださった読者は、これから金運を上げたいという方ばかりだと思います。そのために、まずはどんなお金も大切にすることから始めてみてください。そして、あなた自身が持っている「20の才能」を磨き、仕事や人間関係を良好にすることで、金運の流れをさらに大きくしていきましょう。

金運ルール4

どんなお金も大切に扱うこと。お金が金運を引き寄せてくれる。

カエルであなたの〝基準〟を定めれば、「隣のお金持ち」が気にならなくなる

「隣の芝生は青く見える」という言葉、ご存じの方は多いと思います。これは自分よりも他人がよく見えてしまう心理を表しています。相手の持っている物質面や才能面、生き方や運命のほうが、自分よりも優れていると感じて、気持ちが落ち込んだことがある人も多いでしょう。

人間以外の動物は、決してほかの生き物の能力や幸運をうらやましがったりはしません。猫がライオンのように強くなれないことを残念に思ったり、犬が動物園のパンダの人気に嫉妬したりはしていないはずです。**不思議なことに人間だけは、なぜか他人の能力や幸運をうらやむという習性を持っています**。それはなぜでしょうか。

運のいい人がいれば、悪い人もいる。お金持ちがいれば、貧しい人もいる。社会的

な地位や名誉を持つ人がいれば、そうではない人もいる。私たちの周りには、比較対象となる人たちがたくさんいます。

ましてや、この情報社会では、インターネットで検索すると、たくさんの情報が出てきます。それを見ることで、自分の理想と現実のギャップの差に悩まされるのです。もし自分の理想と現実が合致していたら、他人をうらやましく思ったり、隣の芝生が青く見えたりすることはありません。むしろ、「その人を応援してあげたい」「一緒のステージで頑張りたい」と思えるはずです。

けれど、そんなふうに思えずに、「隣の芝生」や「隣のお金持ち」がやはり気になってしまうこともあるでしょう。

そんな場合は、立ち止まってちょっと考えてみてください。世間の常識やネット上の情報など、自分以外の「何か」に合わせて、比較するように生きていませんか?

大切なのは、自分の価値判断に合わせた〝基準〟をしっかりと持ち、そこに自分を重ね合わせて生きることです。けれど、この基準が定まらないからこそ、多くの人は自分というものがわからず、生き方に悩んでしまうのです。

「人生は決断と選択の連続である」というフレーズは、多くの本で書かれています。

この決断と選択をする際、大事になるのが先ほどの基準です。隣の芝生が青く見えないようにするためにも、ぜひ自分なりの価値基準を身につけてください。

本書でお伝えする「金運気学」では、9匹のカエルを使って人間を9つのタイプに分類しています。次の2章で紹介する9匹のカエルのうち必ずひとつだけ、あなたのカエルがいます。

その性質を詳しく知っていくことで、あなたが持つべき価値基準が見えてきます。何を大切に思い、どんなことに心が動き、どういうことが嫌いなのか。自分という人間についての理解を深めることで、自分の本質を知る入口に立っていただけたらと思っています。

金運ルール5

自分の価値基準で生きよう。そうすれば、人をうらやましく思ったりはしない。

第2章

「9匹のカエル」の中に、あなたを導くカエルがいる

あなたを導いてくれるカエルの「見つけ方」「付き合い方」「育て方」

ここでは、巻頭の「あなたのカエルがわかる『早見表』」をご覧いただきながら、あなたが無理なく最高の金運を手にできるカエルの見つけ方から、カエルとの付き合い方、そして、どのように育てていけばよいのかをお伝えしましょう。このカエルとは、気の學問をベースに、あなたが持って生まれた性質を表しています。

早見表であなたのカエルを見つけるのは、とても簡単です。生まれた年の隣に書かれているのが、あなたを幸せへと導いてくれるカエルになります。たとえば、1975年生まれの人はオアシスカエル（↓64ページ）、1995年生まれの人は地球カエル（↓56ページ）となります。

ただし、1月1日から2月の節分までの生まれの方は前年のカエルとなり、節分翌日の立春以降の生まれの方はその年のカエルになります。また、節分は2月3日だけでなく、2日や4日になることもあります。早見表の中では、無印の年の節分は2月3日、●印の年は2月2日、＊印の年は2月4日となっているので、節分近くが誕生日の人は注意してください。

そうです。節分は年によって変わります。その理由は、地球が太陽を1周する時間は365日ぴったりではなく、約6時間長いからです。そのため、毎年少しずつ地球の位置がずれ、立春が2月3日になったり、4日になったりします。この立春の前日が節分となるため、節分が2月2日になったり、3日になったりするというわけです。細かくいえば、太陽暦で計算すると1年は365・2422日で、うるう年もあることから、それらを計算すると節分の日がずれてしまうのです。

さて、ご自分のカエルがどれか、わかりましたか？　カエルは1年ごとに入れ替わるので、**あなたと同じ生まれ年の人たちは、みな同じカエルの性質を持っていることになります。けれど、同級生を見ても、みんなが同じような人生を歩んでいるわけではありませんよね。生まれ持ったカエルのタイプは同じでも、みんなまったく違う人生を歩んでいます。それはなぜなのでしょうか？**

たとえば、あなたが2000年生まれなら火カエル（↓72ページ）となり、同級生は皆、火カエルの性質を持っていることになります。けれど、その性質をどのくらい磨いてきたか、発揮してきたかで、人生に「差」が出てしまうのです。

●お金持ちの極意は、「自分のカエルを知り、その性質を受け入れること」

同じ年の生まれなのに、友人のほうが自分よりも明らかに恵まれた人生を歩んでいると思ったら、まずすべきことは、自分のカエルを知り、その性質を受け入れること。今までうまくいかなかったのは、生まれ持った性質とは逆のことをしていたからかもしれません。カエルの性質と自分の生き方を比較したとき、何かしらの気づきがあると思います。それを認め、受け入れることから始めましょう。

自分を理解したら、今度は他人を理解しましょう。たとえば、慎重派の谷カエル（↓44ページ）のお母さんがいたとします。長男はひらめきで動く雷カエル（↓48ページ）、次男は母親と同じおっとり型の谷カエル。すると「同じ子育てをしてきたのに、なぜ長男はこんなに落ち着きがないのかしら……」ということが起きてしまいます。

けれど、お母さんが息子たちのカエルタイプを知っていたらこうはなりません。「これが長男の特性だから、失敗してもいいからやらせてあげよう」と見守ることができ、その結果、子どもたちの才能を活かした子育てができるようになります。

これは家族だけでなく、部下や上司、恋人、友人など、すべての人間関係において使えるスキルです。そして、金運の高め方でも同じことがいえます。**自分のカエルに合ったやり方をすることが、お金と仲良くなる一番の近道**でもあるからです。

金運ルール6

誰もが自分だけのカエルを持っている。それを使いこなすほど金運は高まる。

水カエルのあなたは……じつは、人間関係に調和をもたらす

水カエルは、相手に合わせて形を変幻自在に変えられる生き方で、自分だけのスペシャルな人生を築きます。30年以上続いたバラエティ番組『笑っていいとも！』で司会を務めた**タモリさん**を見ていると、そのことがよくわかります。彼は水カエルなのですが、視聴者や出演者からの要望に対し、変幻自在に合わせていくというスタイルを取っていました。このほか、**中居正広さん**、**櫻井翔さん**も水カエルです。出演者の魅力を引き出す番組MCとして、皆さん活躍されています。

あなた（水カエル）の本質

水カエルが持つ「水」という性質は、水蒸気にも氷にもなります。水の生まれ故郷は、空の上の雲です。雲から雨が降り、山に降り注いだ雨は川となって海に注ぎ、海の水はまた蒸発して雲となり、また雨になって……と、水は無限に生み出される循環の中にあります。水カエルの人も、無から有を生み出す特質を持っています。

そんな水カエルにとって大事なのは、一刻も早く家から出ること。雲から外の世界に出ることで、人生が始まるからです。もし、お子さんに水カエルがいたら、なるべく早く自立させて外に出すことが成功の秘訣です。「可愛い子には旅をさせよ」という言葉は、水カエルのためにあるような言葉です。

精神面では意志が強く、交渉が上手で、社会生活において優れた知恵を発揮します。頭の回転が速く、人生の困難も機敏に切り抜けることができますが、物事に執着しない反面、忍耐力が弱く移り気で、完成する前に投げ出してしまうことがあります。

なお、心がまっすぐで純粋であるがゆえに、人や社会への反抗心が出てきて、人間関係でトラブルを起こしやすいところがあります。そんな水カエルが開運するには、清濁併せ呑む力が必要です。海は台風や雨で一気に汚れたりしますが、その後必ず浄化しますよね。水カエルは人生の試練が一番多いタイプですが、それは「清濁併せ呑む力強さを学ぶ」という人生の課題を持っているからでもあるのです。

あなた（水カエル）の人生テーマ

水はつねに上から下に流れます。ですから、水カエルは何事にも逆らわず、高いところから低いところへと流れていき、困っている人がいたら清らかな水を分け与えて助けることが大切です。ところが、水カエルには自分を強く持っている人も多く、我欲が出るとかたくなになりがちです。心も考え方も固まっていくと、水が冷えて氷になるように、もはや流れる水ではなく、カチコチのアイスバーンになってしまいます。

そうなると、車や自転車が滑って事故になったり、人が転倒してケガをしたりしていらぬ苦労を背負うことになり、人生をスムーズに生きられなくなります。変幻自在に動けるぶん、自分自身の在り方に気をつけなければいけません。水カエルにとって頑固や意固地は禁忌ともいうべき言葉です。

仕事・お金について

仕事をする場合も「人のために」という気持ちで動けば、おのずとお金は後からついてきます。水は流れなければいけないのに、自分のところで止めてしまってはいけません。富を循環させていくことも、水カエルが成功する秘訣といえます。また、どこまでも広がる海のように広い交友関係を持つことで、さまざまなサポートが受けられます。広く長く続く関係性を大切にしてください。一方、部下には恵まれず、仕事がスムーズに流れにくくなりがちです。大きな計画を実行する機会が与えられたときは柔軟な心と優しい態度で、人間関係のトラブルを避けてください。

運気のピーク

中年運を持っているため、35～50歳の時期がもっとも強い運気となります。

金運気学アドバイス

じつは水カエルは、9匹のカエルの中で一番試練が多いタイプです。そのかわり、水カエルには天の守護が入っており、衣食住では不自由しません。基本的に人のことだけを考えてあげていたら、自然と成功していきます。また、つねに陽気で明るい気持ちでいることが運気アップには欠かせません。

谷カエルのあなたは……
じつは、無償の愛を多くの人に降り注げる

谷カエルは、天を敬い、慈悲の心で人々に接することで、人生を切り拓いていきます。幕末の志士、**西郷隆盛**は谷カエルであり、その座右の銘は「敬天愛人」。まさにこの生き方を体現しながら、武士と民のために最後まで戦い抜きました。また、谷カエルは「世のため人のため」という無償の愛から生まれる、独特の世界観を持っています。**とんねるずの木梨憲武さん**、シンガーソングライターの**松任谷由実さん**、アーティストの**美輪明宏さん**も谷カエルで、こうした感性を上手に生かして成功されているといえるでしょう。

あなた（谷カエル）の本質

谷カエルの特徴は、縁の下の力持ちとして、いつもそこに存在していること。山と山が連なる景色を見たら、多くの人の目線は山にいくでしょう。けれど、その山と山の間にある谷には、ほとんどの人が目を向けません。そんな谷と同じ性質を持つのが谷カエル。その生き方で大切なのは、陰徳です。人に見えないところで掃除をしたり、靴を揃えたりして、誰も見ていないところで徳を積むことに、本当の素晴らしさがあります。

じつは谷には、太陽の光、吹き抜ける風、大地を潤す雨など、天からのエネルギーがたくさん集まります。そのため、人が住みやすい肥沃な土地は、谷となっているところに多く、人々がそこに集まり、集落ができたといわれています。

いってみれば、谷というのは、たくさんの自然の気が集まったパワースポット。実際に、沖縄には「ガンガラーの谷」と呼ばれるパワースポットがあります。東京都内の高層ビルの谷間にも、新宿の成子神社や虎ノ門の金毘羅宮などがあります。まさにこれらは、都会の中に生まれた「谷」のような存在といえるでしょう。

なお、谷カエルは土の性質が強いので、行動に移るまでに時間がかかります。自分が納得しないと動けないのです。けれど、一度腑に落ちて納得すると、並外れた気力で動き続けて事を成し遂げていきます。

あなた（谷カエル）の人生テーマ

谷カエルは性格的にも目立ちたがりというよりは控えめで、後ろのほうで支えるという役割を得意とする人が多いです。ただし「谷」の心を欠くと「欲」という字になります。谷カエルの人生のテーマはここにあります。

欲を出して自分が目立つのではなく、世のため人のため、縁の下の力持ちとしてコツコツと働くことが大切です。また、決断力が弱いため、チャンスを逃しがち。目上の人や経験者のアドバイスを素直に聞けば、幸福な人生になります。

仕事・お金について

谷カエルに必要なのは陰徳なので、最初はあまり目立たないかもしれません。けれども、そのうち必ずスポットライトが当たります。そこまで耐え忍ぶ力を持っていますし、そのときには世の中をパッと明るく照らすことができます。また、言われたことをコツコツ続けることも得意なので、上司や仕事先などから「谷カエルさんになら、安心して任せられる」などと言われることも。信用や信頼を築くことに比例して、金運も上がっていきます。経営者が多いのも谷カエルの特徴です。地道な努力や謙虚さや真面目さによって、着実な経営基盤を築いていきます。

運気のピーク

どの年代からでも、やる気次第で運を開くことができます。

金運気学アドバイス

自分の欲を前面に押し出さず、世のため人のために生きましょう。打算的になったり、処世術ばかりに気を取られたりしていると、谷カエルのよさが半減してしまいます。そうではなく、もともと持っている思いやりや包容力を生かしてください。どんな困難も乗り越える底力や探求心を発揮すれば、仕事や趣味の世界で頭角を現わすことができます。また、素直な心持ちで優秀な人物に従っていくことで、幸せな人生を築くための秘訣もマスターできるでしょう。

雷カエルのあなたは……
じつは、勇気とひらめきで未来を創れる

雷カエルは独創性とひらめきから動くことで、誰も見たことのない世界を築いていきます。幕末に活躍した**坂本龍馬**は、雷カエルらしい生き方で奔走しました。未来への夢だけを思い描き、外国に打ち勝つために、日本の株式会社のモデルとなった亀山社中を創設しました。また、ファッションデザイナーの**森英恵さん**は、ニューヨーク・コレクションで成功をおさめ、日本人デザイナーの海外進出の先駆けとなり、**小池百合子さん**は、女性初の東京都知事に就任しました。雷カエルが20の才能を発揮して生きると、どのような分野にいたとしても、時代の先駆者として道なき道を切り拓いていけることがわかります。

あなた（雷カエル）の本質

雷の語源は「神鳴り」。雷の音は神様が鳴らしていると考えられていました。雷は「稲妻」ともいいますね。その語源は「稲の夫《つま》」。雷が多いと稲が豊作になることから、雷が落ちることで稲が妊娠すると考えられていたようです。神社などに飾られている白くひらひらした紙飾り「紙垂《しで》」の形も、稲妻から取られています。

雷カエルにとって、大切なのは勇気とインスピレーションです。雷カエルは天からの情報をキャッチする特別なアンテナを、数多く持って生まれています。人よりも感受性が強く、何事もキャッチする能力が高いので、ピンッときたらすぐに動いてしまいます。でも、雷カエルはそれでいいのです。「ちゃんと考えてから動こう」などといってこの動きを抑えてしまうと、せっかくの才能が発揮できません。圧倒的に行動が早いので、くよくよ考えず、前進していきましょう。

9匹のカエルの中で、雷カエルは、人生のステージによって生き方のレベルが大幅に変わります。蝶は卵、幼虫、サナギ、成虫と、ステージによって見た目も中身もまったく違いますよね。土の中で生まれ、そこから這い上がり、完全変態することで蝶になって羽ばたいていく。雷カエルはそれくらい劇的に、ステージを変えてレベルアップできる力を持っているのです。

あなた（雷カエル）の人生テーマ

雷が落ちるときは、一気にズドンと大地に落ちますよね。それと同じように、雷カエルは相手に対してズバッと意見を言ってしまうところがあります。よかれと思って伝えたアドバイスが、あまりにも相手の本質を突いていて、逆に傷つけてしまうことも。それによって人間関係のトラブルが生じることも少なくありません。

だからこそ、雷カエルは言葉をオブラートに包んで、やんわり伝える方法を学ばなくてはいけません。たとえば、前もって「本当のことを知りたければ、私に聞いてね」と言っておいたり、何か言う場合は「ずばり、言わせてもらうとね」などとワンクッション置いたりしてから、言葉を選んで伝えましょう。

仕事・お金について

ルーティンワークに甘んじず、新しいことにチャレンジすることで、仕事運も金運も上がっていきます。自分はどういうことをしたいのか、1年後、3年後、5年後にはどうなっていたいのか、どんな世界や社会を作っていきたいのかなど、夢を描きながら仕事にあたってください。雷カエルは言葉に説得力があり、雄弁に語ることで信頼を得ることも上手です。自分の理想が社会の幸福につながっていれば、時代の流れを変えるような大事業を一代で成功させられます。

運気のピーク

初年運（20代から運が開く）。運勢の立ち上がりが早く、28歳くらいには才能が認められます。大成の秘訣は、47歳までに生涯の基礎を確立すること。

金運気学アドバイス

雷カエルは、家系の信仰を受け継ぎ、人への感謝ができれば、人生は自然と繁栄・発展します。私自身、雷カエルなので経験があるのですが、定期的にお墓参りをし、きれいに掃除することを続けていたら、1年もかからず重度のアトピーが治りました。そこから人生のステージが上がり、今でもご先祖様に守られていると感じることがあります。日頃から真面目で謙虚であることを心がけ、目には見えないさまざまなことも、大切にしてみてください。

風カエルのあなたは……じつは、誰からも愛される

風カエルは物腰を柔らかくし、さわやかな風が吹くような生き方を心がけることで、開運していきます。風カエルとして真っ先に思い浮かぶのが、アーティストの**福山雅治さん**です。ライブやテレビであの方が登場すると、本当にさわやかな風が吹いてくるように感じませんか。福山さんはラジオＤＪもされていますが、彼が話すと下ネタすらさわやかに聞こえます。タレントの**コロッケさん**や女優の**石田ゆり子さん**も風カエルですが、あれだけ人気がありながら、彼らを嫌うアンチが少ないのも、万人から愛される風カエルならではといえます。

あなた（風カエル）の本質

風が吹かないと、空気が濁ってしまいます。たとえば、３日間窓を閉めきった部屋に帰ると、空気がどんよりしていますよね。そこで窓を開けて換気すると、部屋が一気にリフレッシュする。風カエルには、こういう役割があります。

また、人と人とをつなぐ役割も上手です。ただし、なるべく我を出さず、自分を誇張せず、さわやかにその場にいることが大切になります。風は目で見ることができません。だからこそ、姿を消しておくことが大事なのです。みんな誤解しがちですが、風カエルの場合は、自己ＰＲしないほうがうまくいきます。

風のように流れてくる情報を掴むことも得意なので、国内だけでなく世界中から情報収集することに長けています。ただし、風カエルが発する言葉には力があるので、何を言うか、選びながら口にするようにしましょう。言葉が風に乗って広まってしまうので、人の悪口などは慎んでください。

また、通常、風というのは無味無臭です。けれど、花の香りなのか焼肉の香りなのか、風が運ぶものによって、心地よい香りにもなれば、悪臭にもなります。このように変幻自在なので、風カエルは誰と一緒にいるかによって、人生が大きく左右されます。悪い人といれば人生は悪くなり、よい人といれば人生はよくなります。誰と付き合うか、慎重に見定めることが必要です。

あなた（風カエル）の人生テーマ

風カエルのテーマは、奉仕です。じつは風カエルはわりとケチなタイプが多いので、誰かのために寄付するなどして、奉仕の心を育てることが大切です。世の中の大富豪が、なぜあれだけの富を築けているかというと、稼いだ分の何割かは必ず寄付するからだそうです。お金は豊かさや喜びなど正のエネルギーと同時に、妬みや不安など負のエネルギーも運んできます。後者を消し去り、自分の傲慢さをリセットするためにも、稼いだ分の何割かは必ず寄付することが、豊かさにつながるのです。

何をどう寄付するかは人それぞれ。誰かにプレゼントする、神社でお賽銭を入れる、恵まれない人への募金をするなど、つねに周囲に分け与えていくことが人生を開花させる秘訣に。これだけで、人生が変わっていきます。

仕事・お金について

大気のバランスを取るため、風は高気圧から低気圧に向かって吹きます。人間社会においても、お金持ちがいれば、貧しい人もいる。健康な人がいれば、病気の人もいる。そのバランスを取っていく必要があります。交渉することでバランスを保つ仕事としては、旅行業や交通機関などが適しています。社内のバランスを保つということであれば、中間管理職も向いています。また、第一印象で誰からも好かれるので、営業なども得意です。いずれにせよ、自己主張することなく誠実に自分の仕事にあたることで、自然と周囲から引き立てられ、仕事運も金運も上がっていきます。

運気のピーク

初年運（20代から運が開く）。34歳から37歳が最大の最盛期となり、人生の土台を築きます。

金運気学アドバイス

風カエルは家で仕事をしないこと。家ではだらけてしまい、仕事ができません。実際にいろいろな方に聞いて統計を取りましたが、風カエルは外で元気に仕事をしたほうが効率も上がります。また、謙虚さを失わず、お金が入ったときは、周囲の人に分け与えることで徳が積めます。メンターと呼べるような優秀な指導者を見つけ、学びを深めることによって、さらに幸福な人生を築くことができます。

地球カエルのあなたは……じつは、くじけない不屈の精神を持っている

地球カエルはとてもパワフル。一代で大実業家になる方もいます。政治家でいうなら、**小泉純一郎さん**。大きなパワーで政治を動かしたため賛否両論ありますが、さまざまな構造改革を成し遂げました。ただ、幼少期には政治家だった祖父、父とも公職追放され、経済的には恵まれない時期がありながらも、不屈の精神を貫かれました。ピアニストの**フジコ・ヘミングさん**、元歌手の**安室奈美恵さん**も、誰に何と言われようと負けずにわが道を行き、数々の業績を積まれました。これこそ、地球カエルの真骨頂といえます。

あなた（地球カエル）の本質

これまで水、谷、雷、風といったカエルを紹介してきましたが、ここでいよいよ大御所、地球カエルの登場です。地球と同じ性質のカエルなので、非常に強い力を持ちます。地球カエルは生まれたときから、すでに王様のような存在で、自分が手に入れたものをみんなに分け与えることで、さらに人生を発展させていきます。

その一方、幼少期に実家が衰え、苦労が多い環境で育つケースが往々にしてあります。けれども、地球カエルには家を立て直すだけの力と信念が与えられています。

また、地球カエルは、強い引き寄せ力を持っています。水カエルも引き寄せ力が強いですが、自分がよい状態であればよいことを、悪い状態であれば悪いことを引き寄せるという特徴があります。ところが地球カエルの場合は、自分にとっていいものも悪いものも全部引き寄せてしまうくらいに引き寄せ力がパワフル。これは地球に万有引力があるのと同じで、玉石混淆《こんこう》ですべてを引きつけてしまうのです。そのため、運命のバランスをいかにコントロールするかが大切になります。

なお、地球カエルは陽性と陰性に分かれます。陽性の地球カエルは親分肌、姉御肌といわれ、大勢の人を指導する器量を持っています。一方、陰性の地球カエルは職人肌、名人肌といわれます。弟子をひとりも取らず、ひたすら伝統を守り、自分自身の技芸を磨くことで満足するようなタイプです。

あなた（地球カエル）の人生テーマ

地球カエルは、生まれたときからすべてを持つ、王様のような強いエネルギーがあります。そのため、そうでない人の痛みがわかりません。そんな地球カエルの人生のテーマは、謙虚さを持ち、傲慢にならないことです。

たとえば、「すごいですね」などと褒められたときに、周囲への感謝の気持ちとともに、「おかげさまで」と言えるか。これができない地球カエルは、王様から一気に路上生活者になるような道をたどることがあります。王様か路上生活者か、これだけふり幅が大きい人生を歩むのは、９つのカエルの中でも地球カエルだけです。そして、自分が生まれ持つ強い力を、社会の繁栄のために使うこと。何か言われても言い訳をしないということも、開運の秘訣です。

仕事・お金について

「能ある鷹は爪を隠す」という言葉があるように、自分の力や強さをあえてひけらかさないことが大事です。周囲からの嫉妬や足を引っ張ろうとする人を減らすことを意識すれば、人生の早いうちに成功できます。

路上生活者から王様までなれる、ふり幅の大きいタイプなので、後述する20の才能についてはとくに大事にしてください。どのカエルにとっても20の才能は大事ですが、とくに地球カエルはこれを意識しているかしていないかで、人生の明暗がはっきりと出ます。仕事運や金運を高めるためにも、自分だけの才能を磨き続けることが大切です。

運気のピーク

どの年代からでも成功します。

金運気学アドバイス

周囲からの嫉妬など、邪魔がなければ、地球カエルは人生をうまく発展させることができます。邪魔というのは、じつは自分が原因で引き寄せているもの。ここに留意し、自分本位な考えを改め、人や社会の役に立つことを心がけてください。自分をしっかり持っていれば、いつからでも成功できます。いくつになってもチャレンジ精神を忘れずに。

天カエルのあなたは……
じつは、洞察力とリーダーシップがある

天カエルは頭脳明晰でスポーツ能力を持ち、リーダーシップと正義感にあふれたカエルです。２０１８年にメジャーリーグに移籍した**大谷翔平選手**、ソチ五輪・平昌五輪と２大会連続の金メダリストとなったフィギュアスケートの**羽生結弦選手**とも、運動能力はもちろん、物事の核心や問題点を見抜く洞察力がずば抜けています。また、京セラや第二電電（現ＫＤＤＩ）の創業者であり、実業家として日本航空の再建に尽力した**稲盛和夫さん**も天カエルのひとりです。この３人はまさに、自分の20の才能を存分に生かし、天命に沿った生き方をしているといえるでしょう。

あなた（天カエル）の本質

天カエルは「天」を表していることから、９匹のカエルの中でもトップに君臨。リーダーのカエルともいわれています。天の高みから全体を見渡しているので、先を見通す力を持っています。たとえるなら、遊園地などにある巨大な立体迷路に入っても、天カエルはまるで空からその迷路を見下ろしているかのような感覚で「ここは右、次は左、あの先を右に」と進み方がわかるようなイメージです。

ただし、自分がわかっていることを人に伝えるのが下手なので、うまく伝えられず、「上から目線」「プライドが高い」などと誤解されがち。けれど、天カエルからすると、相手がなぜそれをわからないのかがわからないのです。

天カエルは一番高いところに位置するため、一番運がいいカエルです。言い方を変えると、一番失敗が少ないカエルともいえます。そんな天カエルの課題は、いかに人がついて来られるように説明するか。自分はビジョンが見えているので、ぐんぐん進むのですが、振り返ったら誰もいなかったということにならないよう、人がついて来られるように配慮する必要があります。

また、「自分」「他者」「社会」を幸せにできるか。この3点セットが揃ったとき、天カエルの思いは必ず通ります。二宮尊徳、勝海舟、ナポレオンなど、立志伝中の人に天カエルが多いのは、こういう理由からなのです。

あなた（天カエル）の人生テーマ

口下手だったり、人に伝えることが苦手だったりするので、コミュニケーション能力を高めるために、相手のレベルに合わせて、かみ砕いて伝える努力が必要です。また、「人を見下す」「プライドが高い」と誤解されやすいので、相手の身になって考える癖をつけましょう。

天カエルでコミュニケーションがバッチリという人がいたら、大会社の社長になるくらいの器があるということ。自分が動いてもよし、人様を扱ってもよしということで、組織を超巨大化させることができます。

仕事・お金について

基本的になんでも器用にできるので、「自分」「他者」「社会」という3点セットでの幸せを考えて生きていたら、お金には困らないのが天カエルです。けれども公《おおやけ》のための仕事ができなくなると、お金の巡りは止まります。

公のための仕事というのは、すべての人にメリットがある仕事ということ。たとえば、ある八百屋さんがあったとします。その店は繁盛していましたが、その隣にもっと流行る八百屋を天カエルが開きました。たしかにこれは、自分も社会も幸せにしています。でも、お隣の八百屋さんを潰すことになりかねません。このようなやり方はNGというわけです。天カエルは９匹のカエルのうち一番の運の強さを授かっているのですから、公のための仕事を成すよう、リーダーシップを取ることが大切です。

運気のピーク

晩年運（40代以降で運が開く）です。

金運気学アドバイス

先見の明があり、正しいことを天カエルは言っているのですが、他のカエルたちにはなかなかその真意が伝わりません。もともと頭脳明晰なのですから、つまらないプライドを捨て、他の人たちにもわかりやすい言葉を用いて、人との調和を大切に。日々これを心がけるだけでも、開運の道は拓かれていきます。

オアシスカエルのあなたは……じつは、おしゃべりで人々を癒やせる

オアシスカエルはおしゃべり上手で社交的。さらに、会うだけでなぜか元気が出たり、癒やされたりするのです。「銀座まるかん」創設者・**斎藤一人さん**も、そんなオアシスカエルのひとり。「ツイてる！」が口癖でたくさんの講演をし、多くの弟子を育て、10年以上連続で全国高額納税者番付に載った方でもあります。このほか、天才的経営者の**松下幸之助**、近代日本経済の父といわれる**渋沢栄一**、日本初の社交場となる楽市楽座を設けた**織田信長**なども、オアシスカエルの生き方を全うしています。

あなた（オアシスカエル）の本質

オアシスカエルは、人を癒やすオアシスのような性質を持っています。オアシスとは、砂漠の中で水が湧き、樹木の生えている場所。そこにはたくさんの生き物が水を求めてやってきます。人や動物がさまざまに入り込んできますが、オアシスはそれを拒否したり、怒ったりしません。どんな人も動物も受け入れて、癒やす力を持っています。

そんなおおらかさを持つのが、オアシスカエル。口から生まれたカエルと言われるくらいに、おしゃべりが上手です。社交性が高く、華やかな雰囲気を持っているので、水商売にも向いています。銀座で活躍するママさんには、オアシスカエルが多いです。そして、もっともお金と縁が深いのもオアシスカエルです。金運に恵まれ、一番お金持ちのカエルともいわれています。

また、言葉が重要な職業には、次のような「上」「中」「下」があるのをご存じですか。「上」は心を癒やしたり教養ある言葉を使ったりする宗教家や政治家、アナウンサーなど、「中」は物販のための言葉を使うサービス業や営業職など、「下」はお酒や飲食の場で享楽的な言葉を使う水商売系の職業になります。ただし、これらに優劣はなく、この3ジャンルのどこでもオアシスカエルは活躍できるということ。なぜなら、言葉で人を魅了し、癒やし、説得するというオアシスカエルの性質がすべて当てはまっているからです。ぜひ、天性の喋る能力をフル活用してください。

あなた（オアシスカエル）の人生テーマ

ひとりで黙々と仕事をする、誰とも喋らずに1日を過ごす。こうした生活を続けていると、いつしかオアシスカエルのよさが消えてしまいます。もし、今の仕事環境がこのような感じでしたら、プライベートでは家族との団欒《だんらん》を大切にしたり、友人との集まりや趣味の場などで、たくさんの人と喋る時間を確保しましょう。

また、水商売や飲食関係の仕事には向いているのですが、長所と短所は表裏一体なところがあります。お酒を飲んで気が大きくなってしまい、大風呂敷を広げてできもしない約束をしたり、人を貶《おとし》めるようなことを言ったり、八方美人になり過ぎたりしないように気をつけてください。

仕事・お金について

オアシスカエルは、これからの時代の経済的成功者の理想像でもあります。これまではどちらかというと、トップダウンでカリスマ的なリーダーが求められていました。けれども今後は、ピラミッド型ではなく、オアシス的なフラット型の組織が求められており、おおらかで話しかけやすい雰囲気の経営者が伸びる時代と言われています。

喋っても面白く、経済的な能力があり、人柄も優れている。そういう人たちがこれからは組織の中で、どんどん才能を発揮していきます。職種としては、サービス業、飲食業、水商売、営業職などが向いていますが、どんな仕事についていたとしても、そこでのオアシス的存在を目指すことで、仕事運や金運は高まっていきます。

運気のピーク

晩年運（40代以降で運が開く）です。

金運気学アドバイス

人を笑わせて、豊かにさせる。それが巡り巡って、自分に返ってくる。オアシスカエルはここだけを考えていれば、失敗しません。たとえば営業する場合でも、ノルマの達成よりも相手と仲良くなり、「この人から買いたい」「この人から教わりたい」と思ってもらえるようにすることが大切です。そのため、どんな人とでも話を合わせられるよう、日頃から教養を身につけておく必要があります。

山カエルのあなたは……じつは、どっしり構えて安心感を与えられる

山カエルはどっしり構えて時を待ち、頼ってきた人たちを守ります。江戸幕府を築いた**徳川家康**を表す句に、「鳴かぬなら 鳴くまで待とう ホトトギス」があります。時の鳥と書くホトトギスを待った家康が天下を取ったことは、皆さんもご存じのとおり。また、俳優の**本木雅弘さん**をテレビで見かけると、どこかホッと安心させられ、ドリームズ・カム・トゥルーの**吉田美和さん**の安定した素晴らしい歌声は、聴く者を魅了します。ふたりとも山カエルなので、その性質がにじんでくるからかもしれません。

あなた（山カエル）の本質

山カエルの性質を表す「山」。山と言えば、私が住む熊本であれば阿蘇山、隣の鹿児島だったら桜島、そして日本の山といえば富士山です。山というのはイメージどおり、どっしりと構えていますよね。山カエルには、そんな印象の人が多いです。

山は自ら動けないので、相手に来てもらわなくてはいけません。そのため、山カエルには、「来るもの拒まず去る者追わず」というところがあります。ただし、自分のところに来てくれた人には、「すべて私に任せて。必ず守るから」という親方（女性の場合は姉御肌）気質を発揮する傾向があります。

また、9匹のカエルの中で、山カエルは一番オールマイティなタイプ。何をしても器用に物事を成し遂げていきます。どこか1点が突出して優れているというより、バランスよく全体が優れています。そのため部下に持つと、非常に頼りがいがあります。ただし裏表があるので、一瞬にして敵に回ることも。今まで味方だったのに、急に仲たがいすることもあります。というのも、山の天気は移り変わりが激しく、突然雷雨が来たり、突風が吹いたり、からっと晴天になったり。激しい気性は、山の天気と同じなのです。

そんな山カエルに何かお願いをするときは、あれこれ水臭いことは言わず、「お願いします！」「頼みます！」というように、直球勝負でいきましょう。そのほうが山カエルは嬉しいので、快く「わかった、任せて！」と引き受けてくれます。

あなた（山カエル）の人生テーマ

山カエルのテーマは、先祖供養です。9匹のカエルの中で、もっとも霊的な影響を受けており、霊感の強い人が多い傾向にあります。なぜなら、家系のカルマをすべて引き継ぐ運命にあるため、生まれ持った霊性を開花させる必要があるからです。つまり、9匹のカエルの中でご先祖様への感謝を一番しなくてはいけないのが山カエル。先祖供養ができていないと、背骨や腰に不調が出るので注意してください。

これと同時に、どっしりと構えて、「この人に委ねたら大丈夫」「この人にお願いすれば安心」と思われるような存在になるというのも大事なテーマとなっています。

仕事・お金について

もし、山カエルなのに、お金に困っているのであれば、すぐにお墓参りに行ってください。お墓を掃除して、ご先祖様と毎日対話することから始めましょう。山カエルは、こういうことをしなければならない運命なので、避けて通ることができません。

また、どんな仕事も投資もそつなくこなす知恵や力を持っています。「これだ！」と思うインスピレーションを大事にして、やりたいことをするのが成功への早道となります。霊的な世界とのつながりが深いので、このようにしていれば自然とやるべきことに導かれていきます。

運気のピーク

晩年運（40代以降で運が開く）です。

金運気学アドバイス

山カエルは頑固な人が多いので、心持ちを柔軟にして、物質に執着しない生き方を心がけてください。人情にあつい人が多いので、情を大切にした生き方ができるかどうかも大切です。先祖供養の一環として、まずは親を大切に。霊的能力が高いので、瞑想などをすると、インスピレーションを得やすくなります。

火カエルのあなたは……
じつは、明るさと情熱で人々を照らせる

火カエルは人々を照らし、未来を見通す力を持っています。そんな火カエルには陽の赤い火、陰の青い火という2タイプあります。赤い火の代表は、お笑い界の大御所、**明石家さんまさん**。青い火の代表は、元プロ野球選手の**イチローさん**。赤い火は外向的、青い火は内向的な印象があります。なお、赤い火としては昭和歌謡界を代表する大スター、**美空ひばりさん**もあげられます。本来飽き性な火カエルですが、3人に共通する成功のカギは、目標に邁進《まいしん》することと継続力があることだといえるでしょう。

あなた（火カエル）の本質

太陽も火ですし、ともし火も火です。そのため、火カエルは太陽のような「陽」の赤い火と、ともし火のような「陰」の青い火に分かれます。キャンプファイヤーのように燃え上がる赤い火に目がいきがちですが、青い火のほうがじつは温度が高く、炭火のようにじわじわと燃えます。基本的に火カエルは、この両方の火を持っていますが、性格や生育環境から、どちらかが強く出るようになっています。

太陽でも、ともし火でも、誰かを照らしてあげられるかどうかが課題です。火カエルは、暗闇で燃える松明《たいまつ》のように、どこにいても先を見通すことができます。ほかのカエルたちが暗闇の中で迷っているときに、「こっちだよ」と先を照らしてあげるのが火カエルの役割です。

ただ、火カエルは天才肌の芸術家タイプが多く、どんなときでも先が見えているからこそ、周りのカエルたちも同じように世界が見えているはずだと、勘違いしてしまうことがあります。さらに、天性のカンのよさで、普通の人が10年かかるところを、数カ月でやり遂げてしまうことも。

そのため、できない人の気持ちがわからず、周りの人を見下してしまいがち。これを続けていると、人は離れていきます。つねに相手の立場に立ったものの考え方を身につけましょう。

あなた（火カエル）の人生テーマ

火カエルは、瞬時に物事や考え方のコツを掴むことができます。「これはこうしたほうがよさそう」と、感覚的に本質を捉えることができるのです。ただ、直感的に捉えたことを、上手に人に説明することができません。ここが火カエルのテーマとなります。相手がわかるように、順序だてて説明をする努力をしましょう。

同時に、自分の感情をコントロールすることも、大事なテーマとなっています。9匹のカエルの中で、一番感情がぶれやすいのが火カエルだからです。たまに感情的になるのはいいのですが、それが日常的になってしまうと、感情の起伏が激しい人として、敬遠されてしまいます。主観で物事を見ると感情的に揺さぶられるので、第三者としての視点から、客観的に物事を見るようにしてみてください。

仕事・お金について

抜群のセンスと感性を持っているので、自分のために投資して、自分をどんどん磨いてください。どんな場所にも物おじせず出て行かれるよう、知識、教養、マナーを学ぶのもよいでしょう。美的センス、直感力、情熱を生まれ持っているので、仕事面ではファッションデザイナー、エンジニア、芸術家、発明家、お笑い芸人、アナウンサー、作家、カメラマンなどが向いています。

なお、火カエルは基本的にお金に困ることはありません。ただ、衝動買いをするなど、パッと大金を使ってしまうところがあるので、そこだけは要注意です。

運気のピーク

中年運（30代〜40代で運が開く）で、37〜47歳にもっとも運勢が強くなります。

金運気学アドバイス

紙、布、木材など、何かにつかないと火は燃えません。そのため、火カエルは誰かにつく必要があります。ここで大事なのが、誰につくかということ。液体や金属についたとしても、火は燃え上がることができず、消えてしまいます。くっつく相手を間違えないように、気をつけてください。誰と組むか、誰と過ごすか。ここを誤らないためにも、教養を身につけ、よい出会いを作っていきましょう。

「自分と同じカエル」の成功者から、生き方を学ぶ

成功するための早道があるのを、ご存じですか？　それは、あなたと同じカエルの人の中で成功している人を見つけ、その人の考え方や言動をマネることです。たとえば、あなたが水カエルの人なら水カエル、山カエルの人なら山カエルで成功している人をお手本にします。

自分と同じカエルの人で身近で輝いている人、尊敬している人なら、誰でもＯＫです。気になる著名人の生年月日を調べ、自分と同じカエルだったならば、その人のライフスタイルを参考にしたり、その人が作った曲などを聴いたりすると、いろいろな気づきが得られます。ほかに、歴史上の人物の生き方や考え方などをお手本にするのもひとつの手です。参考までに各カエルの中で、有名な人や歴史上の人物の一部をご紹介します（順不同／敬称略）。

水カエル
浅田真央、今井美樹、所ジョージ、浜田雅功、ピーター・ドラッカー、伊達政宗

谷カエル
広末涼子、マリリン・モンロー、岡田准一、新庄剛志、ジョン・F・ケネディ、武田信玄

雷カエル
戸田恵梨香、上白石萌音、ダイアナ妃、堂本剛、桜井和寿、アントニオ猪木

風カエル
浜崎あゆみ、椎名林檎、ジャンヌ・ダルク、堂本光一、武豊、氷室京介、豊臣秀吉

地球カエル
松たか子、和田アキ子、ダルビッシュ有、hyde、宮沢賢治、ベートーベン、ガンジー

天カエル

綾瀬はるか、上戸彩、山下智久、中田英寿、宮崎駿、マイケル・ジャクソン、勝海舟

オアシスカエル

米倉涼子、アンジェリーナ・ジョリー、孫正義、トータス松本、マーク・ザッカーバーグ

山カエル

大地真央、本田翼、オードリー・ヘップバーン、長渕剛、桑田佳祐、松井秀喜、吉田松陰

火カエル

松嶋菜々子、宇多田ヒカル、マザー・テレサ、滝沢秀明、イチロー、ビル・ゲイツ

金運ルール7

自分と同じカエルの成功者の考え方や言動を真似て〝マネ〟タイズする。

第3章

眠っている「才能」に気づければ、1％の努力でも金運を引き寄せられる

幸せを手に入れる究極のコツは、自分の中にある「20の才能」に気づくこと

9匹のカエルのうち、私たちは誰もが自分の生まれ年にちなんだカエルの性質を持っています。そして、そのカエルだけが持つ20の才能を授かって、この世に生まれています。20の才能については、本章の各カエルのページに掲載しています。

20の才能は「本質」「交際」「思考」「生活」の4項目に分かれており、それぞれのトップ項目である1、6、11、16番目にあたる才能は、優先的にマスターしていきたいものになります（↓87ページの表をご覧ください）。

これら20の才能を活用できないと、私たちは「カエル↓賢者↓大賢者」と変化できるにもかかわらず、「卵」や「オタマジャクシ」のままで人生が終わってしまいます。せっかくこの世に生まれてきたのに、卵のまま、もしくはオタマジャクシのままで終わってしまうなんて、もったいないことだと思いませんか。

桜の木にたとえても、同じことが言えます。桜は七、八分咲きくらいになってようやく、人々はその美しさに気づきます。けれど、一分咲きや三分咲きでは、人は立ち止まって花を愛でるどころか、見向きもしません。

そこからだんだんと花開くうちに、人々は桜の花に注目するようになり、満開の時には多くの人たちの心に感動を呼び起こします。

先ほどお伝えした誰もが持っている**20の才能とは、「人生を開花させる力」**でもあります。これを活用せず、二分咲き、三分咲きのまま、誰にも気づかれずに枯れてしまうなんてもったいない！ この金運気学の本を手に取っていただいた方には、ぜひ、人生の花を着実に開花させていただきたいと思っています。

こういうことにまったく気づかず、**20の才能を使わずに生きていると、「自分の生き方を早く見直してくださいよ」という神様からのメッセージが、さまざまな形で現れます**。それは、人間関係や仕事、経済面でのトラブルとして現れることもありますし、健康面に病気やケガなどとして出ることもあります。

私は薬剤師でもあるので、患者さんたちを見ていると本当にそうだなと思います。ネガティブ思考や自己中心的な考え方に傾けば傾くほど、心身に異変が起きやすくなるようです。そうならないためにも、本章の「20の才能」チェック問題を活用していただきたいと思います（↓86ページ以降を参照ください）。

私たちにとってネガティブに思える現実が起こるのは、神様が「今の状態では幸せになれないよ」と気づかせるためのサインです。これはお金に関しても同じことがいえます。金運が悪いということは、「お金の使い方や仕事への考え方が間違っているよ」というメッセージだからです。それらに早く気づき、20の才能に磨きをかけて大賢者を目指し、金運を高めていきましょう。

金運ルール 8

生まれ年にちなんだカエルの20の才能を使えば誰もが金運や人生を開花できる。

「先天性」と「後天性」——人間の才能は、2段階に分かれる

人間の才能には、「先天性」と「後天性」の2つがあります。先天性というのは、生まれながらにして持っている才能のこと。後天性は学校教育や家庭環境などから育まれる才能のことを指します。本書で紹介している9匹のカエルの特徴やそれぞれの20の才能というのは、先天性についての話です。

先天性の才能は、後天性の才能の9倍もの力を持っているといわれています。前者は意識の9割を占める潜在意識、後者は残り1割を占める顕在意識と関係があるからです。**大きな可能性を秘めている先天性の才能ですが、これを使いこなせている人は、残念ながらごく少数**です。

なぜなら、先天性と後天性では、使っている脳の部位が異なるからです。先天性の場合は、眉間の中央の奥にある「間脳視床下部」という部位を使います。ここには第

6チャクラがあります。チャクラとは、人体にあるとされるエネルギーを取り込むポイントのこと。大きなものが7つあり、その中のひとつである第6チャクラは、愛、叡智、創造力、発明・発見などの可能性を握っているのですが、現代の学校教育や職場では、ほとんどこの部位は使われていません。

一方、後天性の場合は「大脳新皮質」を使います。思考、区別と知識、仕事、処世術、分析力、事務能力などは、この部位を使っています。私たちは人生のほとんどでこの部位を使い、学校の勉強や仕事に取り組んでいるのです。

ここで皆さん、ちょっと思い出してみてください。

学校の数学の授業で微分積分、2次関数、因数分解などを学び、歴史では年表を暗記し、理科では元素記号などを覚えてきました。けれど、社会に出て、こういったことが役立ったと感じている人はいるでしょうか。ほとんどいないと思います。

それよりも今後はもっと、自分が生まれ持った才能を使い、内なる可能性を開花させていくことのほうが大切です。つまり、**先天性の才能を磨いていくことが、よりよい仕事や豊かな経済力を持つための近道**となります。これまでの学校教育では補いきれなかったこの部分を、どのように伸ばしていくか。本章で紹介する各カエルの20の才能は、そのための大きなヒントとなるはずです。

「もっと自分らしさを発揮して生きよう」これが9匹のカエルたちが伝えてくれている、本書のテーマです。才能は人それぞれ。だから、人と違っていい。自分にしかない才能をどんどん伸ばし、磨いていけば、ガムシャラな努力など必要なく、たった1%の努力だけでも十分に金運を引き寄せられるでしょう。

9匹のカエルたちが持つ20の才能については、このあとで詳しく紹介します。これらを参考に、自分にはどんな才能があるかを見極め、今すぐできることから始めてみてください。20の才能を使いながら、まだ明らかになっていない自分の能力を磨き、人生のステージアップを実現していきましょう。

金運ルール 9

生まれ持った先天性の才能を生かし自分らしく生きることで、経済的豊かさを得る。

水カエルに大事なことは、「清濁併せ呑む力を身につける」

水カエルの人が20の才能を自分のものにすると、人生の試練をくぐり抜けることができ、自分本位な性格が人への優しさに変化します。さらに誠実な生き方をすることで、優秀な協力者が現れ、幸運な生活を送ることができるようになります。

水カエルの水谷良夫さん（仮名）。彼は人が抱えている事情などは構わずに正論を押し通し、臨機応変に対応することができませんでした。また、思春期を迎えた子どもには「パパ、うざい」と疎まれ、会社の後輩とも思うように意思疎通が図れず、いつも何かしら心配事を抱えて仕事もおろそかになっていました。

また、水カエルの雨宮ゆかりさん（仮名）は、いつも悲観的なマイナス思考ばかり。すると、リストラ、失恋、家族が病気に……など、数々の不幸が押し寄せてきました。

「水カエル」の人——「20の才能」チェック問題

下記の質問にすべて答えて、今のあなたにイエス（才能）がいくつあるかを数えてください。

			YES	NO
本質	**Q1）**	柔和で柔軟な心を持ち、水のようにどんな環境や職場にも適応できていますか？		
	Q2）	すべてを平等に慈しみ、親身になって人の成功を支える優しさを持っていますか？		
	Q3）	子どもや後輩を育てる力に優れ、人の才能を伸ばす理性的な愛情を持っていますか？		
	Q4）	考え方に融通がきき、物事にこだわらず、さわやかな生き方をしていますか？		
	Q5）	忍耐力に優れ、人生の試練から教訓を学び取ることができていますか？		
交際	**Q6）**	人と人との出逢いをつくる人柄で、優れた交際力を持っていますか？		
	Q7）	気遣いと気配りに優れており、人間関係のトラブルが少ないですか？		
	Q8）	自分を抑え、夫婦、親子、友人、同僚などの人付き合いが調和していますか？		
	Q9）	学業、職場、結婚、住居など、運命のめぐり逢いに恵まれていますか？		
	Q10）	人とのつながりが広範囲で、交際や取引が長期間持続していますか？		
思考	**Q11）**	気分が明るく陽気なときは幸運を、陰気で暗いときは不運を引き寄せますか？		
	Q12）	学問、知識、技芸を学ぶのが好きで、知性と感性に優れていますか？		
	Q13）	経験から学んだ生活の知恵を家庭や職場で活用していますか？		
	Q14）	柔和な人柄が部下に信頼され、育成が上手なので、忠実な人材がいますか？		
	Q15）	文章、音感、色彩にセンスがあり、対話で大切なことはメモしていますか？		
生活	**Q16）**	心を鎮める冥想ができ、思考力やインスピレーションに優れていますか？		
	Q17）	ひとりで静かにリラックスでき、心を癒やす時間を好んで取っていますか？		
	Q18）	気軽さ、気楽さで取り越し苦労や迷いがなく、楽観的ですか？		
	Q19）	疲労回復のための心地よい睡眠をとり、心と体をリフレッシュしていますか？		
	Q20）	バランスよく栄養を摂り、病気に対する自己治癒力を持っていますか？		

運気 レベル

- 大賢者：20 問中 18 問以上をクリアした究極の運勢。
- 賢者：20 問中 14 ～ 17 問をマスターしている人。
- カエル：20 問中 10 ～ 13 問をマスターしている人。
- オタマジャクシ：20 問中 6 ～ 9 問をマスターしている人。
- 卵：20 問中マスターしているのが 5 問以下の人。

そう、彼女は自分で不幸を引き寄せ、最悪の結果をつくり出していたのです。

良夫さんもゆかりさんも、自分に20の才能があることを知らず、人生を向上させるためのバネとなる試練と向き合うのを避けていました。そして、情勢が苦しくなると、「もういいや」と投げやりモードになっていました。けれど、これによってさらなる試練を呼び込み、負のスパイラルにはまり込むので注意が必要だったのです。


そんなある日、金運気学を知った良夫さんとゆかりさん。さっそく自分の20の才能を伸ばす努力を始めました。水カエルの人が「カエル→賢者→大賢者」として成長していくためには、次の4つを意識して過ごすことが重要でした。

ひとつめは、引き寄せ力がとても強いので、自分が楽しくなるようなことをつねに考えること。マイナス思考とはサヨナラしました。ふたつめは、すべての出会いや出来事をラッキーだと考えること。目の前に来た仕事や相手はラッキーチャンス！と捉え、前向きに対応することを心がけました。3つめは、自立すること。実家を出る、経済的に独り立ちする、精神的に自立するなどが幸福な人生へのスタートとなります。

4つめは、ひとりで静かにリラックスする時間を持つことでした。

すると、良夫さんは次第に、それぞれの人が抱える事情にも配慮して対応するゆとりが生まれるようになりました。職場でも家庭でも人間関係が良好になり、精力的に仕事をする中で昇進&給料アップ。ゆかりさんは考え方を変えて、自分が望むことを毎日楽しくイメージしました。すると、好待遇の仕事が見つかり、誠実なパートナーと出会い、家族の病気も回復。ふたりとも、幸せな人生を手に入れることができました。

水力エルの人が賢者、大賢者になっていくと、人格の向上のためにやってくる試練を、水のような柔軟さでかわせるようになります。同時に、明るい発想ができるようになれば、自然と困難は去り、すべてを包み込む包容力と忍耐力が生じます。大海原のようなおおらかさがよみがえり、家庭の幸せ、会社の繁栄、社会の発展に貢献することで、次々と夢を叶えていくことができるようになるのです。

行動のポイント

ひとり時間を大切にしながら明るい発想で幸せを引き寄せ、すべての出来事をラッキーチャンスと捉えて自立する。

谷カエルに大事なことは、「陰で人のために働く」

谷カエルの人が20の才能を実行すると、奉仕の精神が身につき、柔軟かつ謙虚であることで公私ともに良縁に恵まれ、人生が飛躍的に発展します。母なる大地のようなおおらかさで社会に調和をもたらし、人々を幸福に導くことができます。

ところが、谷カエルの森脇圭子さん（仮名）は、これとは正反対の人生を送っていました。一見、良妻賢母に見える圭子さんでしたが、じつはかなりの内弁慶。本来、陰で人のために働くべきところを、家の中では小言やネガティブな発言が多く、夫や高校生の息子との関係性は壊れかけていました。

谷カエルの田中大地さん（仮名）は、もともと心配性で気が小さいところがあり、あれこれ不安に思うタイプ。職場では中間管理職となったことで、しっかりしようと

「谷カエル」の人――「20の才能」チェック問題

下記の質問にすべて答えて、今のあなたにイエス（才能）がいくつあるかを数えてください。

			YES	NO
本質	**Q1）**	苦労を重ねて完成させた事柄でも、功績を自慢しない謙虚さを持っていますか？		
	Q2）	どんな状況にも柔軟に対応し、人や仕事を成長させる奉仕の心がありますか？		
	Q3）	自分を抑えて人との調和を大切にし、物事に対する包容力がありますか？		
	Q4）	物事にこだわらない性格で、人と自分の幸せを考えていますか？		
	Q5）	地道に努力を重ね、見返りを求めない善意を持っていますか？		
交際	**Q6）**	気質は素直かつ温厚で、地味ではありますが、堅実な生き方をしていますか？		
	Q7）	生き方そのものが自然体で、粘り強い忍耐力を持っていますか？		
	Q8）	自分自身や身内のことより、人や社会への奉仕活動を優先していますか？		
	Q9）	口が固く、自己主張を抑え、相手の立場に立って物事を考えられますか？		
	Q10）	単なる知識ではなく、優しさと経験によって編み出された知恵がありますか？		
思考	**Q11）**	女性は妻や母としても優秀で、男性は家庭と職場で信頼を得ている実力者ですか？		
	Q12）	家庭では親や家族に忠実で、会社では上司に従い、補佐役に徹していますか？		
	Q13）	金品や物事に囚われず、欲望を制御し、さわやかな生き方を好みますか？		
	Q14）	女性は母性愛に優れ、男性は父性愛に優れ、ともに人に好かれていますか？		
	Q15）	人が嫌がる困難な仕事を避けず、人や社会に役立つ援助をしていますか？		
生活	**Q16）**	不言実行タイプ。実行力と人への思いやりが生き方に反映されていますか？		
	Q17）	生命や宇宙への探究心、または歴史や伝統への興味がありますか？		
	Q18）	マイペースを保ち、社会や環境が変化しても、生活が安定していますか？		
	Q19）	勤勉で努力家、好奇心旺盛で、自ら開発した才能を生かし生計を立てていますか？		
	Q20）	蓄財力のある倹約家で、社会での義理を果たし、豊かな生活力がありますか？		

運気レベル

- 大賢者：20 問中 18 問以上をクリアした究極の運勢。
- 賢者：20 問中 14 ～ 17 問をマスターしている人。
- カエル：20 問中 10 ～ 13 問をマスターしている人。
- オタマジャクシ：20 問中 6 ～ 9 問をマスターしている人。
- 卵：20 問中マスターしているのが 5 問以下の人。

頑張るものの空回りして、さらにストレスが増加。すると、生来の素直さや柔軟な心が消えて、だんだんと頑固になり、職場でも浮いた存在になっていきました。すると、ある日突然、部署異動を言い渡されてしまいました。

圭子さんも大地さんも、自分が磨くべき20の才能があることを知らず、外面ばかり取り繕い、家族や組織を大切にできていませんでした。素直さや謙虚さが消え、その結果、家庭ではトラブルを招き、会社や組織の調和を乱すことに……。

ふとしたきっかけから、金運気学を知った圭子さんと大地さん。すぐに自分の20の才能を磨き始めました。谷カエルが「カエル→賢者→大賢者」として成長していくためには、次の4つを意識して過ごすことが重要でした。

ひとつめは、自分がしてきたことを自慢しない謙虚さを心がけ、余計なひと言を言ったり、虚勢を張ったりするのをやめること。ふたつめは、自分の中の素直さや温厚さを大切にすること。相手の言うことは、一度「そうだね」と受け止め、優しい言葉で意見を述べるようにしました。3つめは、家庭でも職場でも信頼を得ること。4つめに気をつけたのは、不言実行。あれこれ口で言う前に、まずは実行してみることを心がけました。

圭子さんは、家の前の掃除も我が家だけでなく、黙って3軒先まで行うようにしました。夫や息子が心地よく過ごせるよう、家の中でも朗らかに振舞ううちに、自然と家族関係も良好になりました。大地さんはなぜ異動になったかを謙虚な気持ちで振り返り、現在の部署や会社のために自分ができることを本気で考え始めました。次第に補佐役として頭角を現わし、社内に少しずつ自分の居場所ができ始めているのを感じられるようになりました。

谷カエルの人が賢者、大賢者になっていくと、大地のように大らかな心で人々に接することができるようになります。謙虚に人を補佐するという役割を果たすうちに、家庭の幸せや会社の繁栄に貢献できる人材へと成長していきます。

行動のポイント

謙虚さや素直で大らかな心を大切に、周囲の信頼を得て実行力を発揮する。

雷カエルに大事なことは、「自らの言動を振り返り、反省する」

雷カエルの人が20の才能を開花させていくと、インスピレーションが湧いて未来を見通す力と独創性が高まります。自分の理想が社会の幸せにつながれば、時代の流れを変えるような大事業を一代で成し遂げられるくらいのパワーを秘めています。

でも、雷カエルの本田光司さん（仮名）は、最近は企画開発の仕事が停滞し、部下とも衝突してばかり。すべてを周囲のせいにして、いつもイライラして怒りっぽくなっていました。

一方、雷カエルの林正子さん（仮名）は、もともと鋭い感性を持ち、仕事もバリバリこなしていましたが、このところ、何をやるのも面倒に感じ始めていました。後輩たちが自分の陰口を言っているのをたまたま耳にしてしまい、もともと持っていた勇

「雷カエル」の人――「20の才能」チェック問題

下記の質問にすべて答えて、今のあなたにイエス（才能）がいくつあるかを数えてください。

		YES	NO
本質	**Q1）** 人生の試練や困難を乗り越え、物事を発展させる自信がありますか？		
	Q2） 非常に優れた知恵と情熱を使い、人生の問題を解決する気迫がありますか？		
	Q3） 性別や年齢に関わらず家系の信仰を守り、家や組織を継承する力がありますか？		
	Q4） 優秀な頭脳と素早い行動力を持ち、認識力や判断が的確ですか？		
	Q5） 時流のトレンドに鋭敏で、積極的なビジョンを持つ、時代の先駆者ですか？		
交際	**Q6）** 強い情熱と鋭い感性で向上心を養い、希望を実現させる信念を持っていますか？		
	Q7） 性格が正直で曲がったことを嫌い、経済力はありますが金銭には淡白ですか？		
	Q8） 自ら進んで新しいことをする熱意とチャレンジ精神を持っていますか？		
	Q9） アイデアが豊富で発明や発見が得意。創作や企画活動に適していますか？		
	Q10） 若くして自立自営を心がけ、開発や開業に向け活発に挑戦していますか？		
思考	**Q11）** 目に見えぬ世界に関心が深く思想、宗教、音楽、芸術の世界に精通していますか？		
	Q12） 言葉の創生力や感化力に優れ、会話は明瞭で説得力がありますか？		
	Q13） 人や企業や社会の繁栄と発展につながる、大きな志を持っていますか？		
	Q14） つねに新たな目標を打ち立て、次々と斬新な方法で敏速に行動していますか？		
	Q15） 学業でも事業でも、何事もたゆまぬ努力をし、真面目に取り組んでいますか？		
生活	**Q16）** 理性的な愛を持ち、人や組織のために最善を尽くす優しさがありますか？		
	Q17） 組織の中での言動が目立ちやすく、よくも悪くも評価を受けていますか？		
	Q18） とくに音律に敏感で直観力が優れ、インスピレーションにも恵まれていますか？		
	Q19） 信頼性があるため、家族や組織の中で後継者の立場になりやすいですか？		
	Q20） 生涯において発想が若々しく、信念と行動はつねに未来を向いていますか？		

運気レベル

- 大賢者：20問中18問以上をクリアした究極の運勢。
- 賢者：20問中14～17問をマスターしている人。
- カエル：20問中10～13問をマスターしている人。
- オタマジャクシ：20問中6～9問をマスターしている人。
- 卵：20問中マスターしているのが5問以下の人。

気や行動力が、恐れや無気力に変わってしまったのです。

光司さんも正子さんも、20の才能を自分が持っていることを知らず、物事がうまくいかないとイライラしたり無気力に陥ったりしていました。そこからだんだんと神経質で短気になり、相手が傷つくような言葉をつい口にしては、「口は禍のもと」となるような現実を、自ら創り出していたのです。


ある日、たまたま金運気学を知った光司さんと正子さん。自分の20の才能を伸ばすよう、取り組み始めました。雷カエルの人が「カエル→賢者→大賢者」として成長していくため、まず次の4つを日々意識することが重要でした。

ひとつめは、困難や試練を乗り越え物事を発展させる自信を持つこと。「目の前の辛いことは必ず乗り越えられる。私なら大丈夫」と、毎日自分に言い聞かせました。ふたつめは、自分の情熱や向上心を認め、夢を実現させるという信念を持つこと。誰に何を言われようと、自分が目指す世界のビジョンを持ち続けました。3つめは、目に見えない世界を探究すること。スピリチュアルや哲学、禅、芸術など、興味ある分野を学び始めました。4つめは、人や組織のために最善を尽くす優しさを持つことでした。

するとと、光司さんは部下の意見を素直に聞けるようになり、企画開発の仕事もスムーズに進み、長年かけて進めてきた、大手企業との契約が無事にまとまりました。イライラもなくなり、精力的に人生を謳歌できるように。正子さんは後輩たちへの接し方を見直し、鋭い言葉をオブラートに包んで優しく伝えるようにしたのです。すると、後輩はもちろん上司からの評価もUP！　1年後には昇格が決まりました。

雷カエルの人が賢者、大賢者になっていくと、そのひらめきと勇気と快活さで、人々を魅了していきます。さらに、自分が発する言葉は凶器にも花束にもなることを理解して制御できれば、もともと持っている独創性や向上心を発揮し、自分が理想とする人生を築いていくことができます。

行動のポイント

どんな試練も乗り越えられると自信を持ち、「口は禍のもと」に留意しながら、最善を尽くす優しさを持つ。

風カエルに大事なことは、「さわやかにこだわりなく、人助けをする」

風カエルの人が20の才能を会得すると、豊かな生活環境が与えられます。ハイクラスな環境に合わせるため、理想的な姿へと自分を創り変えていきます。このように人格を高めるうちに、多くの人々に安らぎと喜びを与えるようになります。

ところが、風カエルの谷川優子さん（仮名）は、コミュニケーションを取るのが苦手で、困っている人がいても、おかまいなしです。家族や同僚が手伝ってほしいときにも、自分の都合で行動するので職場では孤立していました。

一方、風カエルの山岸トオルさん（仮名）は、ＩＴ業界で活躍するエンジニアでした。ところが忍耐力や計画性がなく、ちょっと嫌なことがあるとすぐ辞めてしまい、いろいろな会社を渡り歩いているのでした。

「風カエル」の人――「20の才能」チェック問題

下記の質問にすべて答えて、今のあなたにイエス（才能）がいくつあるかを数えてください。

			YES	NO
本質	**Q1）**	控えめでクセのない性格。誰の心の隙間にも入れる柔軟さがありますか?		
	Q2）	好き嫌いなく人づき合いができ、物事が調和し生活に不自由しませんか?		
	Q3）	さわやかな人柄で、運命の出逢いとなる縁談や商談は良縁に恵まれていますか?		
	Q4）	何事も順風に運び、家庭や職場はトラブルもなく整っていますか?		
	Q5）	性別や年齢に関わらず、家系の儀礼や信仰を守り、祖先の供養をしていますか?		
交際	**Q6）**	人生が経済的に豊かになったとき、余りある物を人に与えて援助しますか?		
	Q7）	堅実な努力を持続することで、仕事や生活が飛躍的に伸びることがありますか?		
	Q8）	こだわりのない心で、組織での協調性や対人関係の親和性を保っていますか?		
	Q9）	こまめに連絡を取り意見交換をするので、言動の食い違いがありませんか?		
	Q10）	親しみやすい人柄が信頼され、家事や仕事が発展していますか?		
思考	**Q11）**	数多くの人と物と情報の交流が盛んで、お金が循環し、生活が豊かですか?		
	Q12）	交際範囲が限りなく広く、とくに遠方との交流や取引が長続きしていますか?		
	Q13）	朗らかかつ思いやりがあって人づき合いもよく、親切で世話好きですか?		
	Q14）	人から信用され、仕事と人生を楽しみながら生活していますか?		
	Q15）	自分の思いを伝えて相手の気持ちを理解する、意思の疎通に優れていますか?		
生活	**Q16）**	中途挫折せず、一度始めた物事は最後まで完全に成し遂げますか?		
	Q17）	誰とでも気楽に言葉を交わし、話し上手で交渉やセールスが得意ですか?		
	Q18）	上品で優美な趣味を持ちながらも適職を継続し、生活に恵まれていますか?		
	Q19）	一人で勝手に行動せず、何事も事前に打ち合わせながら行う計画性がありますか?		
	Q20）	社交性に優れ、幅広い交際があるので外出を好み、遠方への旅行が多いですか?		

運気レベル

- 大賢者：20 問中 18 問以上をクリアした究極の運勢。
- 賢者：20 問中 14 ～ 17 問をマスターしている人。
- カエル：20 問中 10 ～ 13 問をマスターしている人。
- オタマジャクシ：20 問中 6 ～ 9 問をマスターしている人。
- 卵：20 問中マスターしているのが 5 問以下の人。

優子さんもトオルさんも、自分の中に眠る20の才能に気づかず、自己中心的にひとりで勝手に生きているような日々を過ごしていました。居心地が悪くなると、その場から去り、また新たな場所へと、まるで根無し草のような生き方をしていました。けれど、こうした生き方を続けていると、人の悪口、不連絡、軽率さが色濃くなり、行く先々で仕事や人間関係のトラブルを引き起こすことになります。

ひょんなきっかけから、金運気学を知った優子さんとトオルさん。すぐに自分の20の才能を伸ばす動きに出ました。風カエルの人が「カエル↓賢者↓大賢者」として成長していくためには、次の4つを意識して過ごすことが重要でした。

ひとつめは、控えめな態度で人の言うことを素直によく聞くこと。これにより、自分勝手な動きや思い込みが少しずつ消えていきました。ふたつめは、人生の豊かさを感じたときにはおすそ分けをすること。お土産をいただいたら職場や家庭内で分け合ったり、臨時収入があったら仲間に食事をおごったりするように。3つめは、多くの人との情報交換を大切にしお金を循環させること。4つめは、仕事でも趣味でも一度始めたことは最後まで成し遂げることでした。

すると、優子さんはあるボランティア団体と出合い、活動していくうちに自然とみんなにとって一番よい選択ができるようになりました。その結果、家族や職場の人の意見も聞き、毎日を充実して過ごせるようになりました。トオルさんは自分のスキルを社内で役立てる喜びを感じ始め、再就職した会社に腰を落ち着けることができ、お付き合いしていた女性とも結婚することができました。

風カエルの人が賢者、大賢者になっていくと、こだわりなく、さわやかに人助けができるようになり、信頼が高まることでよい出逢いを引き寄せることができます。自分勝手にひとりで生きるのではなく、自分を信じ、周りを信じることで、自分が思い描いてきた夢を叶えられるようになっていきます。

行動のポイント

控えめな態度で素直に人の話を聞き、豊かさを分かち合いながら最後まで成し遂げる。

地球カエルに大事なことは、「自分本位の考えを改める」

9匹のカエルの中で、一番パワフルな地球カエルの人。よくも悪くも人生のふり幅が大きいので、20の才能を活かすか活かさないかで、王様にも路上生活者にもなり得ます。生まれ持った才能を、社会や人のために活かすことで運命は大きく好転します。

地球カエルの小峰玉子さん（仮名）は、困った人を放っておけない姉御肌なのですが、自分優先でわがままなところがあり、すぐにカッとなる性格で、本当の友人と呼べる人もいません。そんなある日、胃にポリープが見つかってしまいました。

一方、地球カエルの山内武志さん（仮名）は、出世のためなら人を蹴落とすことも平気なタイプ。営業成績はつねにトップでしたが、嫉妬や恨みをかうこともしばしば。気性が荒く、仕事ができない部下を怒鳴りつけることも日常茶飯事でした。ところが

「地球カエル」の人――「20の才能」チェック問題

下記の質問にすべて答えて、今のあなたにイエス（才能）がいくつあるかを数えてください。

			YES	NO
本質	**Q1）**	偏見のない大局的な視座を持ち、中心的人物として組織の要を担いますか？		
	Q2）	物事を切り替えるイノベーションと過不足を調整するバランス感覚がありますか？		
	Q3）	ものを創りだす生産的な働きで、安定した生活を目指していますか？		
	Q4）	人並外れた努力と能力で、自分や社会を幸せにするという信念を持っていますか？		
	Q5）	物が持てはやされる時代に、心や精神を大切にする生き方ができていますか？		
交際	**Q6）**	生活を守るため、勤勉さとゆるぎない意志で積極的に行動していますか？		
	Q7）	ダイナミックな働きと安定した生き方をしているため、人に頼られますか？		
	Q8）	足ることを知り、金品、地位、名誉にこだわらない淡白な性格ですか？		
	Q9）	物事を成し遂げても、才能をひけらかさず、謙虚で感謝を忘れませんか？		
	Q10）	不屈の精神で専門分野を究める力があり、その道の権威や威厳を持っていますか？		
思考	**Q11）**	人生の試練や困難を乗り越え、伸び進んでいく不屈の闘志を持っていますか？		
	Q12）	与えられた仕事は、努力と忍耐力で成功させる自信がありますか？		
	Q13）	目標を定めると、最後まであきらめず、やり抜く実行力がありますか？		
	Q14）	個性と強運を活かし、家庭や組織を安定・繁栄させる生活力がありますか？		
	Q15）	新たなことを始める力を持ち、挫折を飛躍の機会として挑戦し続けますか？		
生活	**Q16）**	家庭をはじめ、どんな組織でも運営管理できる才能と責任感を持っていますか？		
	Q17）	欲望を抑制し慢心することなく、実力に見合った生活水準に満足していますか？		
	Q18）	伝統や習慣を大切にし、神仏を敬い、先祖供養する信仰心がありますか？		
	Q19）	人材育成の能力、技芸を磨く職人肌としての才能にあふれていますか？		
	Q20）	物事を繁栄させる経済力、人の苦境を見て世話をする奉仕の精神がありますか？		

運気レベル

- 大賢者：20問中18問以上をクリアした究極の運勢。
- 賢者：20問中14～17問をマスターしている人。
- カエル：20問中10～13問をマスターしている人。
- オタマジャクシ：20問中6～9問をマスターしている人。
- 卵：20問中マスターしているのが5問以下の人。

ある日、部下からパワハラで訴えられ、これまでの実績をすべて失うことに。

玉子さんも武志さんも、自分に20の才能があることを知らず、強欲、慢心、なまけ癖、乱暴、争いごとばかりの世界で生きていました。このままいけば、災難や争いごとに振り回される人生になりかねません。


ふとしたことから、金運気学を知った玉子さんと武志さん。藁《わら》にもすがる思いで自分の20の才能を磨き始めました。地球カエルの人が「カエル↓賢者↓大賢者」として成長していくためには、次の4つを意識して過ごすことが重要でした。

ひとつめは、偏見なく全体を見通してまとめる力を発揮すること。これにより相手の立場に立ったものの考え方ができるように。ふたつめは、物事に一生懸命励み生活を守ること。ふたりの心から傲慢《ごうまん》さが消え、日々の暮らしが丁寧になりました。3つめは、人生の試練を乗り越え、突き進む意欲を持つこと。本当はどんな生き方をしたいのかを真剣に考え、人生に責任を持つ大切さを学びました。4つめは、家庭や社会などどんな組織においても自分の言動に責任を持つことでした。

その後、玉子さんはカッとなることが減り、相手には相手の立場があることを理解し始めました。周囲の人たちへの感謝の気持ちが湧き、穏やかに日々を過ごせるようになりました。すると、胃のポリープもいつの間にか消えてしまったのです。

また、武志さんは、知人の紹介で入った職場で、周囲と協力しながら仕事を成す喜びを覚え、「おかげさまで」という言葉が自然と出るようになりました。裁判は、本気で人生を悔い改めるきっかけを作ってくれた出来事として真摯《しんし》に向き合い、最終的に和解となりました。

地球カエルの人が賢者、大賢者になっていくと、人や物事に対する愛や感謝から動き出すようになり、社会にも大きな影響を与えるようになります。欲望と慢心を自分でコントロールできるようになると、自然と威厳や安定感が出ます。そんな穏やかな人柄が多くの人を惹きつけ、良縁にも恵まれ、人生が幸運に向かって流れ始めます。

行動のポイント

全体をまとめる力と一生懸命さで試練を乗り越え突き進む意欲を持つ。

天カエルに大事なことは、「言い過ぎない、やり過ぎない」

天カエルの人が20の才能を開発すると、自分に対する自信がみなぎり、他者への思いやりも持つことができます。そして、世の中をさらによくするために何ができるかを考え、生まれ持った創造性を用いながら時代を変革していきます。

天カエルの日野照男さん（仮名）は、若くして起業しましたが、年長者であるパートナーの意見に耳を貸さず、事業は途中でとん挫。その後、ひとりで新たに事業を起こしましたが、自分の能力以上のやり方をしたため、大損害を出してしまいました。

天カエルの風間理恵さん（仮名）は、外資系の会社で働くキャリアウーマン。すべてに完璧を求めるあまり、わずか1年で結婚生活が破綻。その後、風邪をこじらせて肺炎となり、入院することに。「どうして私ばかりこんなことに……」と思いながら

「天カエル」の人——「20の才能」チェック問題

下記の質問にすべて答えて、今のあなたにイエス（才能）がいくつあるかを数えてください。

			YES	NO
本質	**Q1）**	明るく前向きな発想で、創造性を使う仕事をし、行動力が旺盛ですか？		
	Q2）	社会正義を守り、平等や公平さを大切にした考え方ができますか？		
	Q3）	しっかりした意志で信念を貫き、優れた決断力を持っていますか？		
	Q4）	頭脳聡明で、物事の核心や問題点を見抜く洞察力がありますか？		
	Q5）	家庭、会社、サークルなどの組織において、リーダーシップを取れますか？		
交際	**Q6）**	会社や社会で起きたトラブルを解決しようとする使命感がありますか		
	Q7）	融通性があり、自分の資金を人に分け与えていく奉仕の心を持っていますか？		
	Q8）	人や会社に頼まれたことを強い使命感で一生懸命やり過ぎる傾向がありますか？		
	Q9）	若いときから実家に頼らず、一人で社会の中で生き抜く独立心がありますか？		
	Q10）	伝統や文化に精通し、正義感が強く、道徳や秩序を守っていますか？		
思考	**Q11）**	若いときから物事に対するパイオニア精神があり、起業・創業を目指していますか？		
	Q12）	大器晩成型で、組織において力量を認められ、重要な地位を任されますか？		
	Q13）	学問の理論から人の組織まで、要点を把握して一つにまとめられますか？		
	Q14）	ボランティア精神があり、人を引き立て、無償の援助ができますか？		
	Q15）	物事を開発する自覚を持ち、資金や財産の運用管理ができますか？		
生活	**Q16）**	広く学問を好み、関心のある技術や資格を習得するという信念がありますか？		
	Q17）	関心ある物事に挑戦し、完成させる成功体験が比較的多くありますか？		
	Q18）	合理的な頭脳で、宗教から科学まで、幅広い理解力を持ちますか？		
	Q19）	お金にこだわらず勤勉に働くので、中年以降、経済的に恵まれていますか？		
	Q20）	身体的に強健で体力があり、運動神経もよく、スポーツに関心がありますか？		

運気レベル

- 大賢者：20問中18問以上をクリアした究極の運勢。
- 賢者：20問中14～17問をマスターしている人。
- カエル：20問中10～13問をマスターしている人。
- オタマジャクシ：20問中6～9問をマスターしている人。
- 卵：20問中マスターしているのが5問以下の人。

毎日を過ごしていたら、今度は定期検診で子宮がんの疑いが出てしまいました。

照男さんも理恵さんも、自分が20の才能を持っていることを知らず、このまま何に対してもやり過ぎ、言い過ぎを続けていたら、人生に大きなダメージを与えてしまうことになります。


そんなある日、金運気学を知った照男さんと理恵さん。さっそく自分の20の才能を伸ばす努力を始めました。天カエルの人が「カエル↓賢者↓大賢者」として成長していくためには、次の4つを意識して過ごすことが重要でした。

ひとつめは、明るく前向きに行動し、創造性を生かした仕事をすること。その結果、ふたりは完璧を目指すより、新しい可能性が開くことに喜びを覚えていきました。ふたつめは、家庭や会社、社会でのトラブルを解決する努力をすること。3つめは、パイオニア精神を持ち、起業や創業を目指すこと。照男さんは三度目の正直とばかりに、新たな起業にチャレンジすることに。4つめは、関心のある技術や資格を習得すること。理恵さんは体調を整えるために活用していた自然療法の資格を一から学び始めました。

照男さんは「今度こそ、社会に貢献できる事業をしたい」と慎重に起業に取り組み、さまざまな人の意見に耳を傾けられるように。その結果、無事に仕事が軌道にのり、多くの仲間とともにより大きな事業を展開できるようになりました。理恵さんはもともと興味のあった自然療法で子宮がんを克服し、現在は個人サロンを開業。親身なカウンセリングと施術で、今では多くのクライアントに支持されています。

天カエルの人が賢者、大賢者になっていくと、世のため人のために自分には何ができるかを考え始めます。そして、これまでなかったビジネスの仕組みや新たなジャンルの開拓を思いつき、時代を変革していくような流れを創ります。自分の人生の歯車が順調にまわるようになっても慢心せず、誠実かつ大胆な発想を大切に行動し続けることで、さらなる幸せを掴むことができます。

行動のポイント

明るく前向きに自分の創造性を使い、関心のある分野を学びパイオニアを目指す。

オアシスカエルに大事なことは、「ポジティブな言葉を使う」

オアシスカエルの人が20の才能を開花させていくと心がクリアになり、どのように生きるべきかが自然とわかり、人に対する優しさを持てるようになります。その結果、周囲の人々とともに、豊かで安らぎのある人生を築くことができます。

オアシスカエルの森山いずみさん（仮名）。かつては銀座のナンバー1ホステスとして華やかな日々を送っていましたが、わがままな性格と陰口が災いし、金銭や異性関係のトラブルに見舞われることに。また、店のママについた嘘がばれないよう、新たな嘘を重ね、自分で自分の首を絞めることになっていきました。

オアシスカエルの石井信一さん（仮名）。彼はいつもネガティブ思考で、自分が招いた失敗を人や環境のせいにして不平不満をこぼしていました。その結果、経済的に

「オアシスカエル」の人――「20の才能」チェック問題

下記の質問にすべて答えて、今のあなたにイエス（才能）がいくつあるかを数えてください。

		YES	NO
本質	**Q1)** 会話で人を喜ばせたり、楽しませたりする魅力があり、謙虚な人柄ですか?		
	Q2) 社交性を活かして仕事がスムーズにいき、経済的な豊かさがありますか?		
	Q3) 心を癒やす優しさがあるため人気を博し、周囲に人々が集ってきますか?		
	Q4) 考え方が柔軟で物事にこだわらず、人の援助ができますか?		
	Q5) 人づき合いがよく、社交性があり、交渉が上手ですか?		
交際	**Q6)** 金品へのこだわりが少なく、人間性の向上を心がけていますか?		
	Q7) 何事もやり過ぎず、欲張ることもなく、腹八分を心得ていますか?		
	Q8) 宗教、芸術、音楽など、物より心を豊かにする世界に関心がありますか?		
	Q9) 心の平安と自由を追い求め、生活レベルを向上させていますか?		
	Q10) 自信過剰をいましめて、礼節や秩序を守っていますか?		
思考	**Q11)** 比較的、財運や金運に恵まれているので、生活に余裕がありますか?		
	Q12) 言葉の感化力に優れ、説明、報告、会話がうまく、話題豊富で表現力がありますか?		
	Q13) 物事の善悪や優劣を判断する能力があり、不正を避けていますか?		
	Q14) 人当たりのよい優しさで広く交際しますが、異性間のトラブルはありませんか?		
	Q15) 人や物や情報との良縁な出逢いに恵まれ、自然に望みが叶いやすいですか?		
生活	**Q16)** 自分の言動を振り返って反省し、冷静に物事を考えることができますか?		
	Q17) 生活力はありますが慢心せず努力を重ね、精神的な豊かさを心がけていますか?		
	Q18) 美的感性を持ち、経済力に関わらず、清楚な生き方を心がけていますか?		
	Q19) 学問に関心があり、好きな分野の技能や習い事を習得していますか?		
	Q20) 会食を好み衣食住に恵まれ、遊びや旅行に関心があり、趣味を持っていますか?		

運気レベル

- 大賢者：20問中18問以上をクリアした究極の運勢。
- 賢者：20問中14～17問をマスターしている人。
- カエル：20問中10～13問をマスターしている人。
- オタマジャクシ：20問中6～9問をマスターしている人。
- 卵：20問中マスターしているのが5問以下の人。

だんだんと先細りに。もともと話すことがとても上手なのですが、次第に言葉にトゲが出てきて、家族との関係性も悪化していました。

いずみさんも信一さんも、自分に20の才能があることを知らず、せっかく言葉を上手に操る才能があるのに、愚痴や不平不満ばかり口にしていました。このままでは、気力を失い社会の脱落者になってしまいます。


そんなある日、金運気学を知ったいずみさんと信一さん。すぐに自分の20の才能を伸ばす努力を始めました。オアシスカエルの人が「カエル→賢者→大賢者」として成長していくためには、次の4つを意識して過ごすことが重要でした。

ひとつめは、謙虚になり、会話で人を喜ばせたり楽しませたりすること。もともと話術に優れたふたりは、すぐにそのコツをつかみました。ふたつめは、金品へのこだわりよりも人としての成長を心がけること。3つめは、今「ある」ものを数えて生活に豊かさをもたらすこと。「ない」ことに目を向けるのではなく、「ある」ものを認識することで、さまざまなことに感謝できるようになりました。4つめは、自らの言動を振り返って反省し、冷静に物事を考えることでした。

しばらくすると、いずみさんはママとの間にあった誤解が解け、無事に和解しました。金銭や異性の問題もクリアになり、本来の明るさや朗らかさが戻りました。「彼女と話すと癒やされる」というお客様が増えて、売上も好調に。また、信一さんは考え方を変え、うまくいかない原因は、自分に問題があるからだと思えるようになりました。すると、何をすべきかが明確になり、経済的な豊かさも戻ってきました。家族との関係を見直すことで、これまでよりもさらに絆が深くなりました。

オアシスカエルの人が賢者、大賢者になっていくと、会話で周りの人たちの心を楽しませ、自他ともに豊かな生活が送れるようになります。お酒に飲まれないようにし、無駄遣いをやめ、優しく気品ある言葉を使うと、幸せな人生を築くことができます。

行動のポイント

巧みな話術で人々に元気を与え、人間的成長を続けながら、豊かさを楽しむ。

山カエルに大事なことは、「物より心を大切にする」

山カエルの人が20の才能を開発していくと、宇宙からのインスピレーションを授かり、世間や時代の風潮に迎合しない独自の考え方を持つようになります。これに加えて、優しさとアイデアを武器に持てば、社会を変革していくことができます。

ところが、山カエルの山川明夫さん（仮名）は、自分の能力をまったく使おうとしていませんでした。実家が営む会社の役員でしたが、好き勝手にお金を使い、遊び暮らしていたのです。その結果、父親は社長の座を明夫さんの弟・守さんに譲ると宣言。これに腹を立てた明夫さんは、自ら家族と縁を切ってしまいました。

また、山カエルの谷口晴美さん（仮名）。彼女は夫の清さんの母親と意見が合わず、つねに「お義母さんより私のほうが正しい」と言っていました。ある日、夫の清さん

「山カエル」の人――「20の才能」チェック問題

下記の質問にすべて答えて、今のあなたにイエス（才能）がいくつあるかを数えてください。

			YES	NO
本質	**Q1)**	物質的な価値を求める時代に迎合しない、精神的な人生観を持っていますか？		
	Q2)	身の処し方の時をわきまえ、自分の個性が輝く生き方を大切にしていますか？		
	Q3)	自分の立場や役割を超えない節度があるので、困難にも動揺しませんか？		
	Q4)	私的な執着を抑えて公的な利益のために貢献する、無私奉公の精神がありますか？		
	Q5)	歴史や伝統に関心が深く、正義や秩序、礼節を重んじますか？		
交際	**Q6)**	実家との縁が深く、年齢や性別に関わらず、家を受け継いでいますか？		
	Q7)	実家の信仰を守り、心身両面で家系の遺伝的な影響を享けていますか？		
	Q8)	実家や親族に信頼されているので、親類のまとめ役になっていますか？		
	Q9)	小は家庭、大は国家にいたるまで、大黒柱として土台を築く能力がありますか？		
	Q10)	あらゆるものを結びつける力があり、仲介、融合、統一する働きをしますか？		
思考	**Q11)**	言動がダイナミックで、どんな仕事や状況にも対応できる万能型ですか？		
	Q12)	物事の優劣や善悪を識別する、合理的な能力を持っていますか？		
	Q13)	人の能力を見極め、適材適所によって組織の機能性を高めますか？		
	Q14)	勤勉かつ倹約家で義理を果たし金払いもよく、人を援助する経済力がありますか？		
	Q15)	情に厚く自分の生活は節約し、人のためにお金を使う布施の精神がありますか？		
生活	**Q16)**	不合理な制度に終止符を打ち、物事を新たに改善する能力がありますか？		
	Q17)	ある時は扶養されたり、またある時は扶養したりする立場になりますか？		
	Q18)	創造性を生かした革新的な構想を持ち、生活が創意工夫に満ちていますか？		
	Q19)	危機を打ち破り、新たな方法で起死回生を実行する力を持っていますか？		
	Q20)	過去のミスを反省し、心機一転して行動計画を改革する力がありますか？		

運気レベル

- 大賢者：20問中18問以上をクリアした究極の運勢。
- 賢者：20問中14～17問をマスターしている人。
- カエル：20問中10～13問をマスターしている人。
- オタマジャクシ：20問中6～9問をマスターしている人。
- 卵：20問中マスターしているのが5問以下の人。

に「あなたが、お義母さんの間違った考え方を改めさせて！」と言ってしまい、清さんの頭には「離婚」の2文字が……。

明夫さんも晴美さんも、生まれ持った20の才能を知らず、人生に行き詰まるとその原因を他人や環境のせいにしていたのです。そして、物事がうまく進まないと、家族や会社とのつながりを断ち、トラブルを抱えたまま孤立していくことに……。

そんなある日、明夫さんと晴美さんは金運気学を知り、そこで教わった20の才能を伸ばす努力を始めました。山カエルの人が「カエル↓賢者↓大賢者」として成長していくためには、次の4つを意識して過ごすことが重要でした。

ひとつめは、物質的なことより精神的な豊かさに重きを置くこと。学歴やお金、名誉などではなく、自分が幸せと感じることにフォーカスし始めました。ふたつめは、実家との深い縁を受け入れること。明夫さんは家や会社での自分の立場を振り返り、その無責任さに気づきました。3つめは、どんな仕事や状況にも対応できる万能タイプとして、自分には今何ができるかを考えること。4つめは、不合理な事柄に終止符を打ち、物事を新たに改善していくこと。晴美さんは義母に対する自分の言動の不合理さに気づき、「相手ではなく自分を変えよう」と決意しました。

その結果、明夫さんは父親と弟に頭を下げて実家の会社に戻り、会社や家族の繁栄のために何ができるかを考えて日々を過ごすように。家業の業績は順調に伸び、充実した日々を送っています。晴美さんは義母の言うことを最後まで聞き、年長者の意見を尊重しながら、自分の要望を丁寧に伝えるようにしました。すると、義母との関係性が大きく変わり、今では一緒にランチや買い物に出かけているといいます。

山カエルの人が賢者、大賢者になっていくと、人間としての厚みが増し、堂々とした山のように揺るぎない心で、物事を革新していくことができます。強欲さと頑固さをコントロールし、ご先祖様を敬う心を持つことで、さらなる運気アップが期待できます。

行動のポイント

精神的な豊かさに重きを置き、家系のつながりを大切にダイナミックな言動で、物事を新たに改善していく。

火カエルに大事なことは、「感情的にならない」

火カエルの人が20の才能を自分のものにすると、自己主張を抑えられるようになり、自身が生まれ持った創造性をダイナミックに使えるようになります。その結果、独創的なビジョンが開発され、新しい時代や文化を切り拓くことができます。

火カエルの加藤美穂さん（仮名）。彼女はモデルとして、雑誌などのメディアで引っ張りだこでしたが、自己主張が強くて所属事務所ともめてしまい、これまでの地位や名誉を失ってしまいました。

また、火カエルの鈴木晃さん（仮名）は、熱しやすく冷めやすい性格が災いして、職場も結婚も住居も転々と変わり、豊かで安定した生活を得られずにいました。そのうえプライドが高く、すぐにカッとなって、相手を傷つけることも……。「短気は損気」

「火カエル」の人――「20の才能」チェック問題

下記の質問にすべて答えて、今のあなたにイエス（才能）がいくつあるかを数えてください。

			YES	NO
本質	**Q1）**	自己中心的な発想をせず、第三者の立場で物事を冷静に観察できますか？		
	Q2）	霊的影響を享けやすく、神仏を敬い家系の信仰を受け継いでいますか？		
	Q3）	優秀な人について教養や技術を学び、人格の向上と人の幸せを考えていますか？		
	Q4）	社会的な地位、金銭、異性への執着を離れて、精神世界を大切にしていますか？		
	Q5）	差別感や反抗心を制御し、人間関係での離別や争いを避けていますか？		
交際	**Q6）**	天に従う柔順さと自分を偽らない素直さで、組織の調和を乱しませんか？		
	Q7）	家庭では親や家族に尽くし、職場では上司に従い、補佐役に徹していますか？		
	Q8）	霊的感性に優れているので、インスピレーション（霊感）を享けやすいですか？		
	Q9）	優秀な知性を磨き、関心のある仕事や奉仕活動を情熱的にしていますか？		
	Q10）	好きな分野では高度な探究心を活かし、名声や地位を得ていますか？		
思考	**Q11）**	先見の明で未来を見通し、優れた直観力で物事の善悪を判断できますか？		
	Q12）	卓越した観察力で、学問でも技芸でも頂点を極める自信がありますか？		
	Q13）	創造性を活かせる仕事に興味を持ち、何事もつねに創意工夫していますか？		
	Q14）	言葉の創生力と感化力に優れ、豊かな表現と内容で人を魅了しますか？		
	Q15）	ビジネス能力や計算能力が高く、物事の優劣を区別できますか？		
生活	**Q16）**	信念や情熱を持ってつねに人格や技能を磨き、世間の賞賛を得ていますか？		
	Q17）	奥ゆかしい教養があり、美的感性に恵まれ、天性の品格を備えていますか？		
	Q18）	豊かな精神性を兼ね備えた気高さがあり、言動が美しくさわやかですか？		
	Q19）	積極的な発想と行動力があり、性格が明るいので目立つ存在ですか？		
	Q20）	才能が豊かで感性が鋭いため、独自の世界を持っていますか？		

運気レベル

- 大賢者：20問中18問以上をクリアした究極の運勢。
- 賢者：20問中14～17問をマスターしている人。
- カエル：20問中10～13問をマスターしている人。
- オタマジャクシ：20問中6～9問をマスターしている人。
- 卵：20問中マスターしているのが5問以下の人。

の言葉どおり、恵まれない人生になっていました。

美穂さんも晃さんも、自分が持っている20の才能のことを知らず、感情に振り回された、刹那的な生き方をよしとしていました。このままだと、人への優しさを持てず、嫉妬や嫌悪感、競争心、わがままなど、自分勝手な生き方で周囲から嫌われてしまうのは、火を見るよりも明らかでした。

あるきっかけから、金運気学を知った美穂さんと晃さん。すぐに自分の20の才能を伸ばし始めました。火カエルの人が「カエル→賢者→大賢者」として成長していくためには、次の4つを意識して過ごすことが重要でした。

ひとつめは、自己中心的な考えを改め、冷静に物事を観察すること。第三者的な視点で自分を見つめることで、いろいろな気づきが生まれました。ふたつめは、柔順で素直になり組織の調和を乱さないこと。周囲の意見に耳を傾けられるようになり、人間関係が改善しました。3つめは、未来を見通し、持ち前の直観力で善悪の判断をすること。これにより、トラブルを避けられるように。4つめは、信念や情熱を持ち、人間性や技能を磨き続けることでした。

その結果、美穂さんは海外の大手事務所と契約。アメリカに拠点を移してモデルとしての活動を続け、海外のコスメを扱う会社も設立し、幸せな日々を送れるようになりました。晃さんも、ようやくひとつの会社に落ち着けるようになりました。もともと持っている先見の明を生かし、コンサルタントとして多くのクライアントから慕われるようになり、収入も安定。ふたりとも、「ようやく本当の自分の人生を歩み始めることができた」と感じています。

火カエルの人が賢者、大賢者になっていくと、太陽のような明るさと内側で静かに燃え続ける情熱で、新しい流れを創ることができます。物事に対する執着や感情的になる部分を抑えることができれば、さらに運気を上げて幸せを掴むことができます。

行動のポイント

自己中心的にならず第三者の視点を持ち、組織の調和や直観を大切にし、信念と情熱を持ち続ける。

苦手なこと、嫌いなことの中に、じつは「才能」が隠れている

才能の見つけ方には、2パターンあることをご存じですか?

ひとつめは、自分が好きだったり、なんとなく得意だったりして、すんなりとできること。こちらは、本人も「私はこれが得意だな」「きっとこれは私の才能だな」と気づきやすいものです。

ふたつめは、自分にとって苦手なことや嫌いなことの中にある才能です。**苦手なことは、どうしても敬遠してしまいがちですが、じつはここに才能が隠れていることが多々あります**。ですが、ほとんどの人がそのことに気づいていません。

たとえば、106ページの「天カエル」。その20の才能のうちの20番目のチェック問題では、「スポーツに関心がある」ことが示されています。これは9匹のカエルの

中でも、天カエルだけに与えられた才能のひとつです。

もともとスポーツが好きな天カエルだったら、体を動かすこともすんなりできるでしょう。けれど、なかには運動が嫌いな天カエルもいるわけです。私の生徒さんの中に、ある女性経営者がいらっしゃいました。その方は天カエルだったのですが、「私、運動なんて絶対無理！」というタイプでした。

ところが、金運気学を学び始め、自分の20の才能の中にスポーツとあったので「じゃあ、ちょっとやってみます」とジムに通い始めたのです。すると、どうでしょう。運動することの楽しさや汗をかくことの気持ちよさを、すぐに体感されるようになりました。それと比例するように、不思議と業績も上がっていったのです。運動とは「運を動かす」と書くとおり、まさに運動して運をよい形に動かしていきました。

今まで苦手だと思っていたり、嫌いだったりしたけれど、じつはそうではないかもしれない。このような思考になった瞬間から、物事の捉え方やチャレンジの仕方が変わっていきます。金運を上げていくためにも、幸せな人生を築いていくためにも、ここは非常に大切なポイントとなります。

自分は何カエルなのかを知り、20の才能として、どんな力を授かって生まれて来たのかを知る。その中には、今まで自分は苦手だと思っていたことがあるかもしれません。「本当にこんなこと、自分にできるの?」と疑問に思うこともあるかもしれません。けれど、そういうことにこそ、ぜひトライしてください。

苦手だと思っていることというのは、勝手に自分がそう思い込んでいるだけかもしれません。そこに気づいて、新たな才能を開花させ、人生のステージを高めていく。これは本書の大事なテーマでもあります。

この本を手に取ってくださったあなたは、心のどこかで「自分を変えたい!」と思っておられるのだと思います。本書に書いてあることを信じて、実践してみてください。私の多くの生徒さんがそうであったように、必ず新しい自分に出会うことができます。

金運ルール10

20の才能の中にある苦手なことこそ、あなたを輝かせ、金運を上げる新たな才能となる。

第4章

お金に好かれる人がやっている「7つの習慣」

習慣1 お金持ちになる方法は、脳の検索エンジンに聞く

最近は調べ物をするとき、国語辞典や広辞苑を引くより、Google や Yahoo! などの検索エンジンを利用する人のほうが多いと思います。ちなみに、Google で「お金持ちになる」と検索すると、いろいろな情報が出てきますね。でも、こうした検索エンジンは、私たち一人ひとりの体にも備わっていることをご存じですか?

みんなの体の中にある検索エンジン、それは脳です。とくに間脳視床下部と関連しており、ここはちょうど眉間のあたりの奥、いわゆる第6チャクラのあたりにあります（↓84ページ参照）。お金持ちになりたい、人生で成功したいと望むなら、脳に検索をかけるのです。

Google と違って、すぐに答えは出ないかもしれません。けれど、**脳にあなたの夢**

やりたいことについて検索をかけると、あなたが寝ている間にもずっと脳は検索を続けてくれます。その結果、脳の神経細胞に電気信号が流れ、その刺激と刺激が繋がったときにアイデアやひらめきがフッと湧いてくるのです。


意外なことに、お金持ちの人は、自分がお金持ちになる方法を検索していません。

「どうしたら、たくさんお金を稼げるか」

「どうしたら、金持ちになれるか」

「楽をして、たくさんお金をもらうには？」

こんなことを検索しているお金持ちは、私が知る限り皆無です。その代わり、世のため人のためになる問いを投げかけています。

我欲からの問いかけでは、よいアイデアは生まれません。お金持ちの人たちはこのことを知っていて、つねに自分の脳に問いかけています。

「どうしたら、人は喜んでくれるだろうか」

「人のために、自分は何ができるだろうか」

「どうしたら、世の中はもっと豊かになるだろうか」

よく「金は天下のまわりもの」といいますが、お金というのは世のため人のために何かを成し遂げたあとに巡ってきます。

「流れ星を見た瞬間に願いごとを言えたら、きっと叶う」といわれますが、あれは流れ星を見た瞬間に言えたから叶うのではなく、日頃から自分の夢ややりたいことを思い描いているからこそ、瞬時に口に出せるということです。

「チャンスの神様は前髪しかない」ともいいますね。それと同じことです。チャンス！と思った瞬間に、自分がやりたいことを口にできるか、行動に移せるか。「思考は現実化する」という言葉の背景には、こうした仕組みがあるのです。

ぜひ今日から、脳に検索をかけてみてください。日々そのことを考え続けることで、あなただけのお金持ちになる方法を見つけることができます。

金運ルール 11

世のため人のために自分は何ができるか。日々脳に問いかけ、お金持ちになる方法を得る。

習慣2 神社では、自分のお願い事をするな

元旦など、年中行事のひとつという感覚で神社へお詣《まい》りに行く人は多いと思います。けれど、それ以外で神社に参拝する人は、どのくらいいるでしょうか。大抵の人が、困ったときの神頼み的に神社を参拝したり、お正月などイベント的な感覚で初詣をしたりということになっているように感じます。

けれど、周りの経営者を見ていると、「お朔日参り《ついたちまい》」といって毎月1日の日は必ず神社に行くなど、定期的に神社を訪れる方が多くいます。私自身も毎月、家の近くの神社、会社の氏神様、私が鳥居を建てた神社に参拝しており、機会があれば、日本全国いろいろな神社にお参りさせてもらっています。

このとき、**神様とどのように対話するかで、願いごとが叶うスピードは変わってきます**。あなたは、神社で神様にどんなことを伝えていますか？　多くの人が、「素敵

な一軒家が欲しいです」「高級車の○○が欲しいです」「エルメスのバッグが欲しいです」など、自分の欲からのお願い事をしています。

けれど、こうした願いごとが叶えられることは、ほとんどありません。なぜなら、神様はハウスメーカーでも車のディーラーでもショップの店員でもないからです。こういうお願い事をされたら、神様のほうでも「だったら、ハウスメーカーやディーラーやショップに行ってよ」と苦笑されているでしょう。

もともと神社への参拝というのは、日々の感謝を伝えにいくためのもの。先ほどの「お朔日参り」は、無事に1カ月を過ごせたことへの感謝とともに、新たな1カ月に向けての決意表明を神様に伝えにいくものです。

そしてもうひとつ、神社は自分以外の誰かのために祈る場所でもあります。たとえば、家族の中に病人がいたり、受験生がいたり、友達が仕事のことで悩んでいたりしたとき、自分の願いを叶えてもらうのではなく、「誰かのために第三者の力をお借りしたい」と、活用させていただく場所だったのです。

成功している人たちの話を聞くと、神社にお参りするときは、日頃の感謝と決意表明をされている人がほとんどでした。私も、同じような感覚で神様と対話をさせていただいています。

今度神社に行くときは、ぜひ、自分のお願い事ではなく、世のため人のためになるようなお願い事をしてみてください。たとえば「多くの人を笑顔にするために、このプロジェクトが成功するよう、お守りください」「私自身がスキルアップし、会社のために役立つ人材となるよう、お導きください」「家族が日々健康に過ごせるよう、力をお貸しください」など。

誰（何）かのために、この「私」を役立てられますように。これまでの私の経験と、周囲の経営者たちのやり方を見ていると、こうした思いから発せられた願いほど、神様の耳には早く届き、実現化も早いようです。

金運ルール12

自分の欲を満たすための願い事ではなく世のため人のためになる願い事をする。

習慣3 「お金は悪いもの」というメンタルブロックを外す

なかなかお金を稼げない。お金が貯まらない。そんな人は、心のどこかでお金を「悪いもの」「汚いもの」「我慢して手に入れるもの」などと思っているかもしれません。こんなふうに思っていたら、いくら頑張っても、お金はあなたのもとにはやって来てくれません。

でも、なぜこんなふうに思ってしまうのでしょうか。その原因のひとつは、ドラマなどメディアによる刷り込みだと考えます。傍若無人なお金持ち、金の亡者の悪代官などが登場するドラマなど、子どもの頃に見たことがある人は多いでしょう。

もしくは、家庭の中で「お金とは我慢して苦労してようやく得られるものだ」「頑張ってもこれだけしか稼げない」「好きなことでお金が稼げるわけがない」などの言葉を聞きながら育った人もいるかもしれません。その結果、「お金を持っていると、ろくなことがない」という誤解が生じている可能性もあります。

そこで必要なのが、お金に対するネガティブな思い込みを払しょくすること。**「お金は悪いもの」というメンタルブロックを外すために必要になるのが、お金に対する新しい気づきです**。

たとえば、会社勤めの人は1日8時間×5日間×4週間かけて働き、その対価として月給をもらっていますよね。その時間を「お金のためにいやいや我慢している時間」とするか、「自分の力を試せる場をいただいている時間」とするか。自分が何をした対価として、そのお金を受け取っているかを、見直してみてください。

「どうせ自分はこの程度」「このくらいの給料しか稼げない」――そんなふうにネガティブに捉えず、自分はこの組織の中でこういう価値があり、それに対する対価としてこれだけのお金を受け取っていると捉えるように意識を変えていきます。

「自分にはこういうことができる」、「その対価として、これだけの給料を受け取っている」。そんなふうに捉えたら、どんな感じがするでしょうか。

さらに、もう少し考えを進めてみます。

あなたは対価として受け取ったお金に、見合うような仕事ができていますか。もし、自分が社長だとしたら、今の自分に払う給料は、現在の額が妥当と思えますか。もし、「YES」と答えられるなら、現状を維持しながら、さらに仕事の幅を広げていきましょう。もし「NO」であれば、もっと自分を組織の中で役立てるには何をしたらいいのかを考え、実行していきましょう。

こんなふうに**視野を広げていくと、あなたが得るお金には、多くの人の努力や善意も含まれていることに気づくと思います**。

ただ悪いもの、汚いものではなく、お金には、こういう一面があることをもっと知ってほしいと思います。そうしてお金に対するブロックが外れれば外れるほど、あなたのもとにやってくるお金は増え、より豊かな循環を生み出してくれます。

金運ルール 13

お金を受け取るとはどういうことか
お金に対する新たな気づきを取り入れる。

習慣4
「お札の中にいる人」のために、お財布の中の居心地をよくする

お正月や誕生日などに、お財布を買い換える人は多いようです。ほとんどの人が色や形など、金運が上がるようにと吟味して選んでいます。

ここでぜひ、「お札に描かれている人物」にも目を向けてみてください。1万円札は福沢諭吉（→2024年度以降は渋沢栄一）、5000円札は樋口一葉（→津田梅子）、1000円札は野口英世（→北里柴三郎）。これらの人物は、あなたに金運をもたらしてくれる人たちです。

「お札の中にいる人」に応援してもらいたければ、まずは、お札の中にいる人が普段過ごしている、お財布の中を居心地よくしてあげましょう。

たとえば、チャリンチャリンと音がすると、お札の中の人はゆっくり眠れません。小銭とお札の部屋をきちんと分けると、お札の中の人も静かに休めるでしょう。

また、お札の向きはどうなっていますか？　合宿での雑魚寝のように、北を向く人もいれば、南を向く人もいたりすると、落ち着かずにゆっくり休めませんよね。一方、高級旅館のように、整然と同じ方向に蒲団が敷かれていると、顔の横に誰かの足があることもなく、ゆっくり休めます。

お札の扱いもこれと同じです。1000円札、5000円札、1万円札と、同じ金種ごとに分け、人物の頭の方向を揃え、正しい姿勢でもてなしましょう。ちなみに私は、頭を上に揃えて入れています。

そもそも、お札の大きさが違っていることをご存じでしょうか？　縦の長さは同じですが、横は1万円札が一番大きいのです。5000円、2000円、1000円と、だんだん小さくなっています。

このお札の大きさの違いは、お札の位の違いでもあります。エレベータの中で新入社員が社長と一緒になると、なんだか気分が落ち着きませんよね。同様に位の違うお札が混在すると、お札の中の人も落ち着きません。そのため、それぞれのお札の部屋を、分けてあげたほうがいいのです。

さらに、部屋を分けるだけでなく、部屋をきれいにしておくことも大事です。

いらないレシート類がお財布にあふれていませんか？　いろいろなお店のポイントカードや割引券などを、詰め込んではいないでしょうか？　すべてひとつのお財布に詰め込んでパンパンに膨らませるのではなく、割引券などは別のところに入れましょう。きちんとお財布を整理整頓し、お札が出て行きやすく、入って来やすい状態を作ることが大事なのです。

「お札の中にいる人」にとって、お財布はホテルと一緒です。1泊10万円の高級ホテルもあれば、1000円のドミトリーもあります。誰もが、散らかったホテルではなく、どうせなら美しいホテルに泊まりたいですよね。整った環境で気持ちよく過ごしたお金は、出ていったとしても、再びあなたのお財布に戻って来てくれるでしょう。

金運ルール14

お札は休ませてあげることで、元気になる。お財布の中を「高級ホテル」にしてあげよう。

習慣5

お金を使うときは「行ってらっしゃい」、もらうときは「お帰りなさい」

突然ですが、あなたは買い物が好きですか？　たぶん、好きな方は多いのではないかと思います。お気に入りのメーカーやブランドの洋服、バッグ、靴などを見ながら、「どれにしようかな」と考えているとき、ウキウキワクワクしているのではないでしょうか。はたから見ても、その様子は楽しそうに見えると思います。

けれど、いざレジに並んで、お金を払う瞬間のその人の表情というのは、どうでしょう。笑顔で「ありがとう！」と言いながらお金を支払う人は、ごく少数です。私が見る限り、少し不機嫌そうだったり、無表情だったりする人のほうが多いように思います。きっと心の中には、「ああ、お金がなくなる……」という喪失感や不安、「またお金を使ってしまった」という罪悪感などがあるのかもしれません。

あなたはお金を払う瞬間、どのようなことを感じていますか。

お金を払うときに大事なことは、お金が出て行くことに不安や罪悪感を覚えるのではなく、気持ちよく「行ってらっしゃい」とお金を送り出してあげることです。

こういう心持ちが、金運を高めます。なぜなら、お金が出て行ってくれるからこそ、私たちは欲しいと思った商品やサービスを手に入れられるのですから。だからこそ、「行ってらっしゃい」、もしくは「ありがとう」と、感謝の気持ちを持って送り出してあげることが大切なのです。

私はお金を払うとき、店員さんに「ありがとう」と言います。そこには、「売ってくれてありがとう」という思いがありますし、お金たちに向けての「ありがとう」という思いもあります。自分が受け取れる豊かさの質量というのは、こういう気持ちを持てるか、持てないかによっても変わるのです。

また、レジでお釣りを受け取ったときなどに、あなたはそのお金を「お帰りなさい」と、大切に迎え入れていますか。そこで受け取ったお金は、以前どこかで自分のもとから旅立ち、巡り巡って戻ってきてくれたお金かもしれません。

昔、こんな実験をした人がいたそうです。1000円札にこっそりサインか何かを小さく書いておき、そのお札が本当に戻ってくるかどうかを検証しました。すると、数年後、本当に自分のもとに帰ってきたそうです。

たとえ、それが自分のところに元々いたお金ではなくても、**世の中のいろいろなところを巡り巡って自分のもとにやってきたお金に対して、「お帰りなさい」というねぎらいの気持ちで迎えてあげることは大切**です。

そして、居心地よく整えられた高級ホテルのようなお財布で、ゆっくりと休ませてあげたら、お金たちはまた元気に旅立ち、今度はさらに多くの仲間を連れて、あなたのもとに戻ってきてくれるはずです。

金運ルール15

お金を払うときは感謝の気持ちを、受け取るときはねぎらいの気持ちを持つ。

習慣6 お金持ちになりたかったら値札を見るな！

よく「お金持ちはケチだ」と言われますが、本当にそうなのでしょうか。お金持ちの人たちは、本当に欲しいと思った物しか買わないので、そのように見えるだけなのかもしれません。

そもそも、お金持ちには「安いから、とりあえず買う」「みんなが持っているから買う」などの概念がありません。けれど、**本当に欲しいものがあったとき、本当のお金持ちは値札を見ずに買います**。値札を見て「安いからこれなら買える」、もしくは「欲しいけど、高いからやめよう」という概念はないのです。

安かろうが高かろうが、本当に欲しいものは買う。そのため、値札を見て値段を知ることはしなくてもいいわけです。さらに大事なのは、そうして買ったものは、最後まで大事に使っていること。たとえばボールペン1本取っても、100円で適当に買ったものと、長く使うことを見越して1万円で買ったものとでは、使い心地がまったく違いますし、やはり扱い方も違ってきます。

お金持ちはものを買うとき、「値札」よりも「買い時」を気にします。世の中の動向を把握し、市場がどう動くのか、人々の関心がどこに向かうのかなど、さまざまなことを勉強しています。今買えば価値が上がるのか、もっと良いものが出てくるのかなど、アンテナを張って買い時を待っているのです。

世界情勢やコロナ禍などが相まって、少し前、高級車が空前の値上がりブームとなったことをご存じですか。自動車の部品の生産が追いつかない、日本に部品が輸入されないなどの理由から、買ったときよりも値上がりする車が市場に出ました。

たとえば、ベンツのGクラスという4輪駆動車。これは少し前までは中古車市場で約800万円でしたが、その後値上がりし、中古にもかかわらず1000万円以上で売られるほどになっていました。この車を所有している人の中には、「いずれこの車は値上がりする」とわかっており、それを見越して購入した人も数多くいたそうです。

時計でいうと、高級時計のロレックスなどもそのひとつ。10年前に購入した時計が、買ったときの値段以上で売れるということもざらにあります。いずれも、もともとの生産数が少なく、その商品を欲しい人が中古品でも高値で購入するため、こうした現象が起こるのです。

お金持ちになりたかったら、欲しいものの相場や価値をしっかりとリサーチし、どういうものなら、この先も長く大切に使えるか、資産価値としてはどうなのかなどについて、感度を高めておきましょう。

その積み重ねで、あなたも値札を見ずに買い物ができるようになっていきます。

金運ルール16

本当に欲しいものをリサーチし、その価値をわかって買えば、値札を気にする必要はない。

習慣7
マイナスの言葉ではなく、すべてプラスの言葉で脳に伝える

お金に対する口グセ、あなたにはどんなものがありますか？　「今月もお金が苦しいな」「なんでお金って貯まらないんだろう」「うちにはそんなお金、ないわよ」など、ネガティブなことを口にしている人が多いのではないでしょうか。

もし、そうだとしたら、今この瞬間から、それはやめてください。これからは一切、お金に対するマイナスの言葉は使わないようにしましょう。

とはいえ、「実際にお金に困っているから口グセになってしまうので、プラスのことなんて言えないよ」という方もいるかもしれませんね。

でも、ちょっと考えてみてください。今、お金持ちになっている人でも、最初からお金をたくさん持っていたという人は、ほとんどいません。さまざまな紆余曲折を経て、お金持ちになっているわけです。

その間には、お金に対するマイナス思考を変えて、プラス思考にしたからこそ、お金が増えたということも、大いにあり得るわけです。もちろん、お金が増えたから、プラス思考ができるようになったという見方もできます。

でも、今すぐにできることとしては、もしあなたのもとに十分なお金がないのだとしたら、まずは思考を変えるところから、プラス思考の言葉に変えることから、始めてみませんか。脳科学的な観点から言うと、言葉で脳を騙すことができるからです。

脳は「○○しないで！」と言われたら、「○○」のことを必ず思い浮かべてしまいます。たとえば、「ピンク色の象を想像しないでください」と言われたら、どうでしょうか。聞いた瞬間から、私たちはピンク色の象を思い浮かべてしまいますよね。

これと同じことで、脳は否定語を言われたら、その否定の元となる言葉を頭の中で増幅させてしまいます。ですから、**マイナス（否定）の言葉ではなく、すべてプラス（肯定）の言葉で脳に伝えていくことが大切**になるのです。

自分が発する言葉というのは、誰が一番よく聞いているかといえば、自分自身です。「私にはお金がない」「私は稼げない」「どうせお金はあるところにしかない」などと、日頃からマイナスの言葉を使っていたら、脳は勘違いして、そういう現実を引き寄せてしまいます。

だからこそ、お金持ちの人たちは、こうした言葉を次のようなプラスの言葉に換えて使っています。

「私にはお金がある」

「私は稼げる」

「お金はどこにでもある」

「人のためにお金を使えて幸せ」

ぜひ、このような言葉を口グセにしてください。これを続けることで、自然とお金が集まってくるようになります。

金運ルール17

お金に対するプラスの言葉を使えば、自然とお金は集まってくる。

第5章

人間関係がまわり出すと、お金もまわり出す

人は「感性」「知性」「理性」の3タイプに分けて、付き合い方を変える

2章と3章で詳しく紹介してきた9匹のカエルたち。じつは、次の3グループに分けることができます。この3グループは、人間関係の築き方、お金の稼ぎ方や使い方にも、それぞれの特徴が現れるので、付き合い方のコツも変わります。

●「感性」を重視……雷カエル、天カエル、火カエル

このカエルの人たちは、感覚で行動するタイプで、自分が思っていることを言葉にするのが苦手です。頭脳明晰かつ、ひらめき、発想力、先見性を持っているのですが、周囲からは無鉄砲、無計画、口先ばかりなどと思われがち。けれど、本人の中にはしっかりしたビジョンがあるので、まずはやらせてみることが大切です。

また、未来に向けてお金を使ったり、稼いだりするのが得意なカエルたちでもあり

ます。未来に向けてワクワクしながら仕事をしたほうが、お金が貯まります。

●「知性」を重視……水カエル、風カエル、オアシスカエル

このカエルの人たちは、冷静沈着で慎重に行動します。人当たりが柔らかく社交的ですが、ひとりの時間も大切にしたいカエルたち。多くの人とそつなく人間関係を築く反面、気疲れしやすいところがあります。その場はうまく応対していても、家に帰ってひとりになると、どっと落ち込んだり、疲れが出てしまったりします。社交性があり、気配り上手ですが、それに甘えて、無理をさせないように気をつけてください。

また、さまざまなデータを用いて、数字を読み解きながらお金を稼いだり、使ったりすることが得意な一面も持っています。

●「理性」を重視……谷カエル、地球カエル、山カエル

このカエルの人たちは、自分の経験をベースに理詰めで物事を判断していくので、人間関係やお金関連についても、理屈や理論を大事にする傾向があります。

ただ、思い込みが強いところもあります。基本的に世話好きなのですが、やり過ぎ

て「お節介な人」と思われてしまうことも。情に厚く、忍耐力があるのですが、人の領域に無頓着に入り込んでしまうことがあります。本人に悪気はなく、相手のためを思って、一生懸命になり過ぎるところがあるだけなので、そこを理解してあげることが大事です。

このように3つのグループの特徴がわかれば、相手との距離感や付き合い方がわかりますし、攻略法も身につけることができます。ぜひ、人間関係を円滑にし、お金の巡りをよくするために活用してみてください。

金運ルール18

3グループの特徴を活用し、よりよい人間関係やお金の巡りを創ろう。

９匹のカエルの「相性」を知っておけば、９割の人間関係はスムーズに進む

金運を授けてくれる９匹のカエルたちには、じつは相性のよし悪しがあります。

金運気学の根底には、古代中国で発生した「陰陽五行説」というものがあります。

昔の人々は、物事にはすべて陰と陽があり、万物は「木・火・土・金・水」という5つの要素（五行）から成ると考えていました。

今回ご紹介している９匹のカエルをこれに当てはめると、次のようになります。

【木】……雷カエル（三碧木性）、風カエル（四緑木性）
【火】……火カエル（九紫火性）
【土】……谷カエル（二黒土性）、地球カエル（五黄土性）、山カエル（八白土性）
【金】……天カエル（六白金性）、オアシスカエル（七赤金性）
【水】……水カエル（一白水性）

ここからは、次ページの2つの図を見ながら読み進めてください。

前述の5つのタイプそれぞれの相性は、「相生《そうせい》」と「相剋《そうこく》」という2つの要素で成り立っています。

「相生」とは、愛と優しさで〝リラックスした状態での、共存共栄する関係性〟のこと。「相剋」とは、智慧と叱咤激励で〝ストレスのある状態での、向上発展する関係性〟のことをいいます。どちらの図も、矢印の向きから相手との関係性がわかります。

たとえば、【木】のカエルが、ある仕事のプロジェクトリーダーになったとしましょう。その場合、スタッフを選ぶなら打ち解けやすいのは、【水】のカエルと【火】のカエル。両者は「相生」の関係にあるからです（次ページ上図）。

その図の中で【木】のカエルに矢印を向けている【水】のカエルは、親のように自分を助けてくれる相手。逆に、【木】のカエルが矢印を向けている【火】のカエルは、自分の子どものように助けてあげる相手となります。

ですから、何か困ったときは、【水】のカエルに相談し、【火】のカエルが困っているときは、進んで力を貸してあげると、双方の運気が高まります。なお、【木】のカ

「相生《そうせい》」の相性

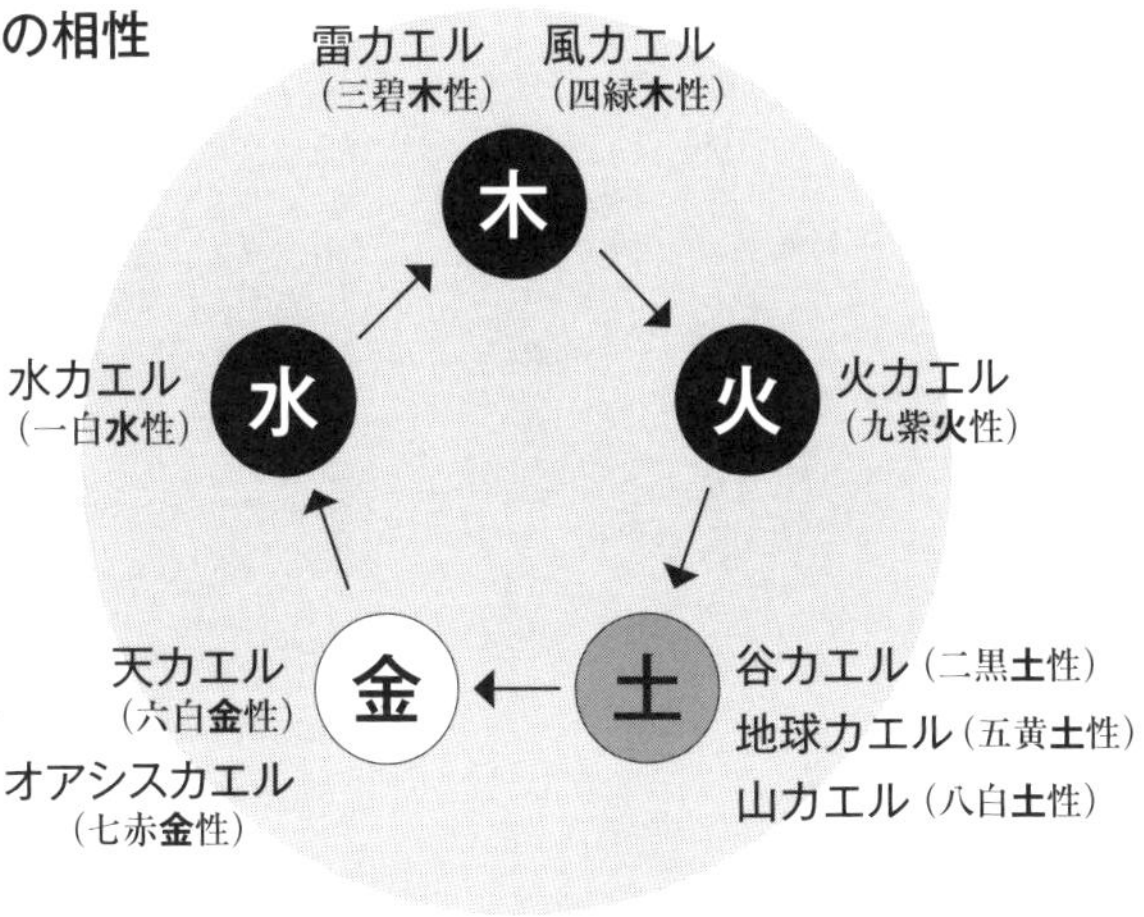

「相剋《そうこく》」の相性

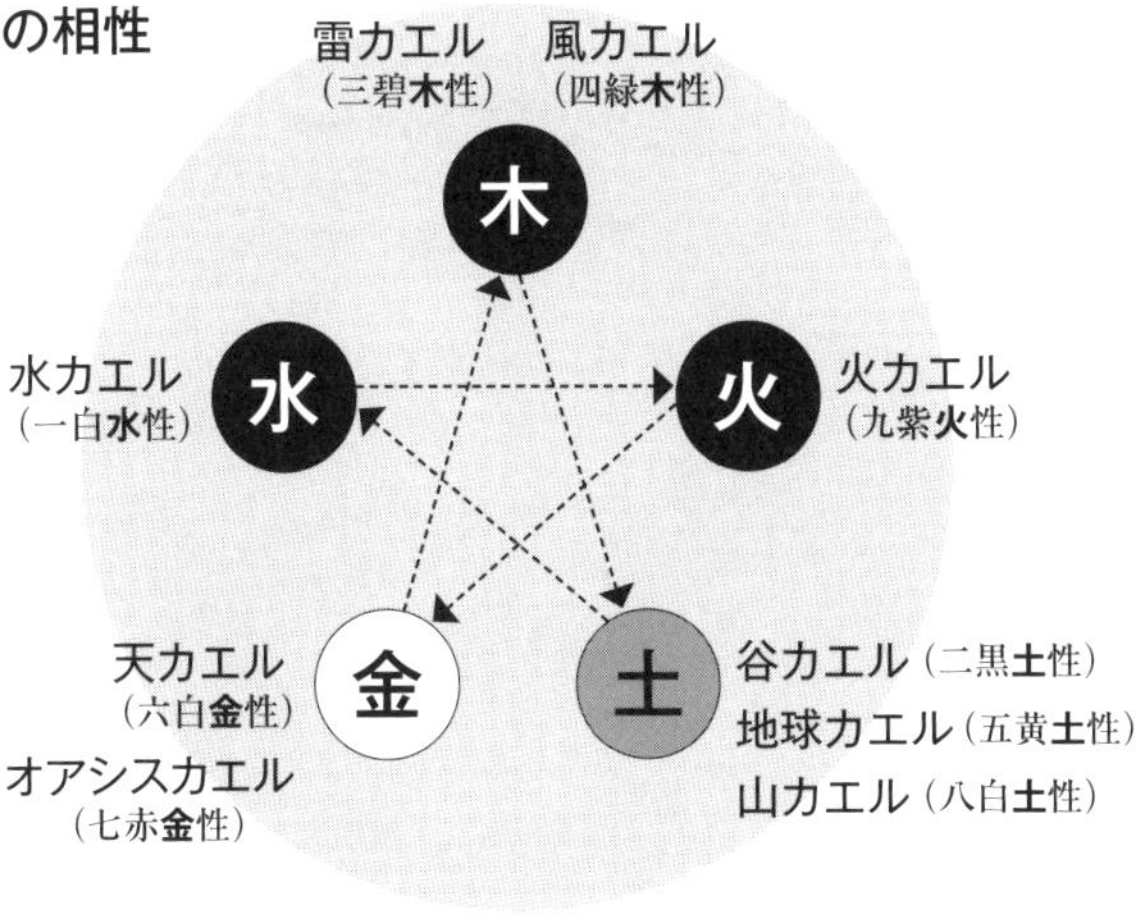

エル同士など、同じタイプ同士の関係は、可もなく不可もないフラットな関係性ですので、まずは「相生」の関係性を大切にしてください。

一方、対応に気をつけなければならないのが【木】から見た【金】のカエルと【土】のカエルです。両者は「相剋」の関係にあるからです（前ページ下図）。

その図の中で【金】のカエルは、矢印を向けている【木】のカエルを無意識のうちに叱咤《しった》激励している相手。【木】と【土】では、【木】が矢印を向ける【土】を叱咤激励します。

【木】のカエルは、【金】のカエルの言動にカチンときても、「悪気はなく、むしろそういう関係性だからね」と受け入れ、【土】のカエルに対しては、意識的に言い方を柔らかく、丁寧にします。そうすることで人間関係のトラブルを未然に防ぎ、双方の運気が下がるのを避けられます。

この相剋の関係を、先の仕事で生かすなら、【木】のカエルは【金】のカエルにアドバイスを求めましょう。耳が痛いことでもズバズバ言ってくれるので、そういうものと割りきって必要な智慧をもらい、自分を向上させていけばよいのです。

あなたがどのカエルだとしても、図にある矢印の方向から相手との相性をわかっていれば、9割の人間関係や仕事がスムーズに運び始めます。

金運ルール19

「相剋」関係にあるカエルとの対応に気をつければ、人間関係のトラブルのほとんどを回避できる。

「安くして」と相手に言う人には、〝安い人生〟しか手に入らない

物を買うときに、「もう少し安くならない?」などと言って「値切る」という行為。地域によっては、コミュニケーションのひとつとして捉えられているかもしれませんね。もちろん、双方が楽しんでいるならよいのですが、どちらかが「得してラッキー」、もう一方は「奪い取られた」と感じるようなやり取りだとしたら、少し考え直したほうがよいかもしれません。

この世界はすべて「対」で成り立っています。「朝と夜」、「プラスとマイナス」、「男と女」、「金持ちと貧乏」などというように。

「損と得」も同様で、誰かが「得した」と思うと、どこかに「損した」と思う人がいるわけです。一見すると、得した人がいいように見えますが、そうではありません。そこに双方の幸福はないのです。

株やFX、仮想通貨などの世界では、こうしたことが顕著に現われています。**誰かが儲かったぶん、誰かがどこかで損をしている。お金の世界はこのように成り立っており、この状態に真の幸せはありません。**

では、幸せはどこにあるのでしょうか。カリフォルニア大学のロバート・エモンズ教授の研究では、感謝の気持ちがある人ほど幸福度は高いという結果が発表されています。**お金があろうとなかろうと、現状に感謝している人は幸福度が高く、現状に感謝できていない人の幸福度は低い**そうです。

そして、人に対して「安くして」と値切る人には、この先も安い人生しか待っていません。たった一瞬の「安く買えた。ラッキー！」という目先の幸せよりも、時間をかけて相手と築く信頼や心のこもったサービスなど、もっと大きな幸せがその先にはあるはずです。「安くして」という人は、みすみすそれを捨ててしまっているのです。

皆さんは、クーポン券などを使うことがありますか？　クーポンを使って割引を受けることは、もちろん悪いことではありません。けれど、なかには「初回半額」などのクーポンを使い、毎回違った美容室やマッサージ店に行く人もいます。純粋に自分に合うお店を探しているというのなら話はわかります。けれど「安い値段でやってもらえるから」という理由でクーポンを使い、安い値段でいろいろなお店を転々と渡り歩いているとしたら……果たしてこれは、本当の幸せなのでしょうか。

たしかに、金額的には得をしているかもしれませんが、こうした行為を続けていると、結局はその場限りの安いサービスしか受けられなくなります。信頼できる美容師やマッサージ施術者を見つけ、適正価格で心のこもったサービスを受ける。こうしたサービスは、「安くして」という場所では受けられません。

「安くして」と言いたくなったときは、自分が本当に欲しいものは何なのか、いま一度、思い出してみてください。

金運ルール20

「安くてラッキー!」という一瞬の幸せよりも、その先にあるより大きな幸せを掴もう。

「シャンパンタワーの法則」——まず自分の心を満たしなさい

シャンパンタワーというのは、ホストの世界ではビッグイベントのひとつです。キラキラと輝くグラスがタワーのように高々と積まれ、そこにドンペリなどのシャンパンがなみなみと注がれていきます。

頂上にある1個のグラスが黄金色のシャンパンで満たされ、あふれ出た黄金の流れが2段目のグラスを満たしていき、2段目のグラスがすべて満たされると、そこからあふれた分は3段目のグラスへと流れていきます。

今、この本を読んでくださっているあなたが、頂上の1個のグラスだと想像してみてください。あなたの人生はあなたのもの。あなただけの物語で彩られています。

ですから、まずは頂上にある自分の中に、豊かさや幸せを満たしてほしいのです。

十分にあなた自身が満たされ、そこからあふれ出た豊かさや幸せは、自然とまた次の人へと流れていきます。

日本人は自己犠牲を美徳とするところがありますが、それはまず自分自身が満たされてからの話です。自分が幸せでないのに、人のためにばかり奔走するのは本末転倒です。そんなことを続ければ、自分自身が疲弊していくだけです。

ただし、私がここでお伝えしたいのは、この流れを自分のところだけに留めておかないこと。**自分を満たしたら、そのあふれ出た分を循環させ、次の誰かを満たしてあげましょう。そうすることで、人間関係も金運も必ずまわり始めます**。

こうした豊かさの循環を具体的な行動で表すなら、お世話になった方に贈り物をしたり、神社に参拝したときに少し多めにお賽銭《さいせん》を入れたり、関心のある団体に寄付したりということになるでしょう。

私たちは日常的に、「おすそ分け」ということをしていますよね。実家からたくさんの果物が送られてきたり、家族がお土産のお菓子をたくさん買って来てくれたりしたら、「よかったら、どうぞ」と当たり前のように、みんなに分け与えていくことができています。

循環させていく豊かさは、目に見えるものばかりではありません。情報もそのひとつです。みんなにとって必要だったり、知っておくほうがよいと思えたりする情報は、みんなでシェアしていく。そういう時代になってきています。

大事なことなので、最後にもう一度言わせてください。まずはあなたの心を十分に満たしましょう。そして、そこからあふれ出たものをシャンパンタワーのように、次々と周りに分け与えてください。こうした流れは、必ずまた大きな豊かさとなって、あなたのもとに帰ってくるはずです。

金運ルール21

まずは自分の心を豊かさで満たし、そこからあふれたものを循環させる。

Column

ピンチは、運気を上げるチャンス

心理学用語に「アンダードッグ効果」というものがあります。これは、たとえばスポーツ観戦をしている際、弱小といわれているチームや不利な状況にあるチームのほうを、つい応援したくなってしまう心理を指しています。

けれど、ただ不利な状況になったからといって、必ず応援してもらえるわけではありません。状況が苦しくなっても懸命に頑張る姿、どんな困難があっても明るく立ち向かう姿こそが人々に感動を与え、つい応援したくさせてしまうのです。だからこそ、ピンチのときはチャンスがやってきたと思って、あえて明るい気持ちで日々を過ごしていきましょう。ピンチが来たら「運気を上げるチャンス！」なのです。

そこで困難から逃げ出さず、前向きに頑張ろうとするあなたのことを、必ず誰かが見ていてくれます。そして、それまで人間関係を大切にしてきた人ほど、たくさんの助けの手が差し伸べられるでしょう。

もしも、今のところ人生は順調だという方は、困難に直面したとき、助け合えるような人間関係を日頃から築いていくように意識していってください。そして、今、苦しい状況にある方は、明るく前向きな気持ちを持って、ピンチをチャンスに変えていきましょう。

第6章

金運バイオリズムは、9年周期で巡る

上り坂、下り坂、そして魔坂の〝金運バイオリズム〟を知っておく

金運気学では、9年をひとつの周期として、人生の流れをみていきます。人生プランを立てるときも、お金を生み出すサイクルを考えるときも、このバイオリズムを大切にしています。この周期は季節の移り変わりと同じで、次のような流れになります。

1 第1外運期…お金や仕事や人間関係を成功させるきっかけづくり。

2 第2外運期…きっかけがつかめてきたものを、勇気を持って行動する。

3 第3外運期…成果がどんどん現れる。

4 第4外運期…絶好調だからといって過信せず、慎重に行動する。

5 第5外運期・第1内運期…外運と内運の変わり目。ターニングポイント。

6 第2内運期…成果の収穫時期。ここで一番大きなお金を得られる。

7 第3内運期…変革の時期だが、現実化するのは時期尚早。
8 第4内運期…物事が明るく進展。人生の新たな目標を見つけることも。
9 第5内運期…次のチャンスに向けて準備をする。大事な判断は来年に保留。

外運期というのは、外に向かって働きかけるのに適した時期です。転職したり、起業したり、何かを発表したりと表立ってすることをこの時期に行うとうまくいきます。対して内運期は、自分の内面を充実させるのに適しています。教養や資格を身につけて、人格や才能を磨きましょう。

何かことを成す際には必ず準備が必要です。そしてそれを外に発するとき、周囲が受け入れてくれる、時流が合っているといった結果を導くには、外運期、内運期の巡りに沿っていれば、うまくいきやすくなるのです。この大きな流れの中で、今自分がどこに位置し、これから何をすべきかを知れば、確実にチャンスをつかめます。

つねに20の才能を磨きながら、9年周期を意識した生き方をすれば、収穫期である第2内運期では、大きなお金や成功を手にすることができます。

9年周期の金運バイオリズムは、山あり谷ありの波形を描いています。人生には

■ 9年周期のバイオリズム

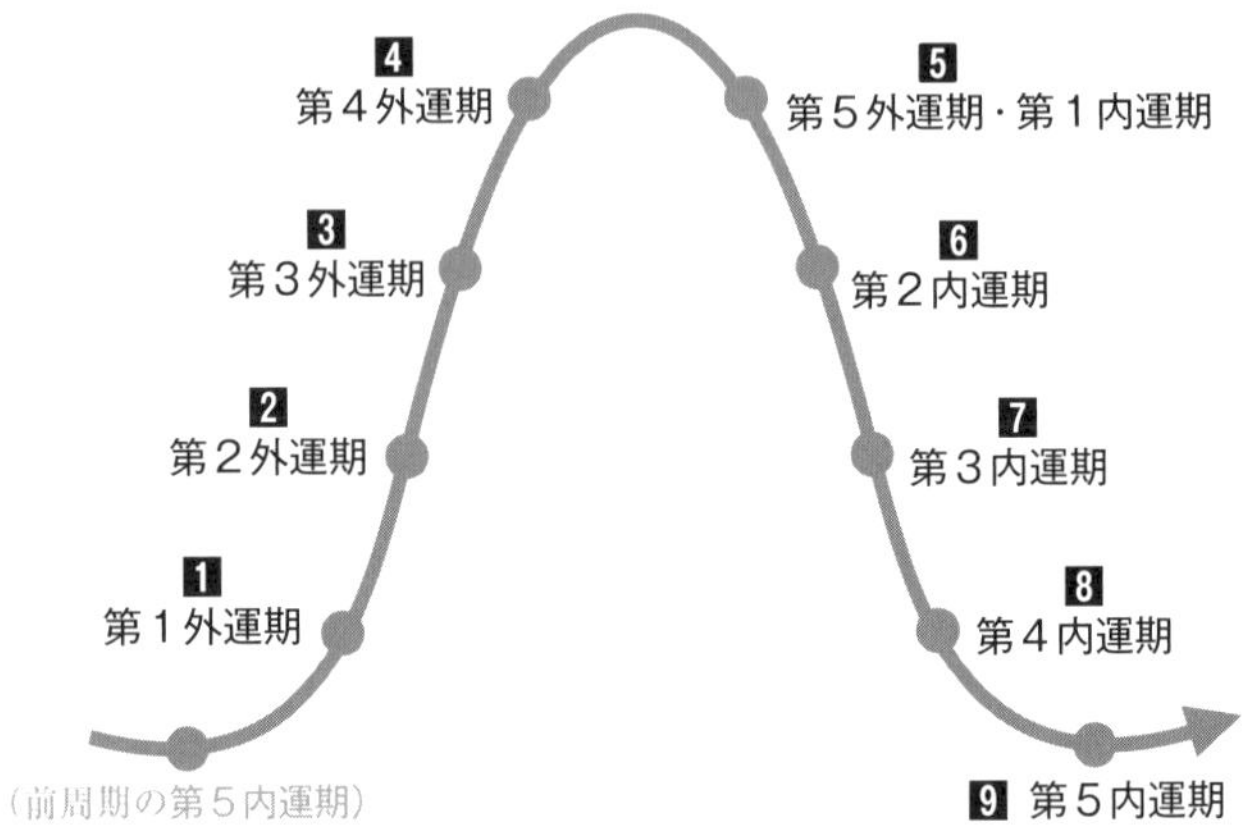

「上り坂」もあれば、「下り坂」もあります。
そして、「魔坂」という瞬間があります。
それが第4外運期です。

人間というのは、上り調子のときは「まだいける！」と、勢いづいてしまいがちです。運転にたとえるなら、時速60㎞で走っていたのについアクセルを踏み込み、80㎞、100㎞とスピードを出してしまうのです。そうして第2外運期、第3外運期中と、どんどんスピードアップしてゆき、第4外運期に達したときも「まだいける！」と思ってしまう。

運転するとき、急なカーブがあるとわかっていたら、手前で減速しますよね。急カーブの下は断崖絶壁だと知っていて、120㎞で突っ込んでいく人はまずいません。けれど、第4外運期の絶好調のときは、「まだいける！」と思い込み、100㎞から120㎞へとアクセルを踏み込んでしまう。すると、思いがけない急カーブが現れ、そこを曲がりきれず、断崖絶壁を真っ逆さま……それが「魔坂」です。

●「魔坂」が潜んでいる第4外運期に気をつける

要は、第4外運期は、油断大敵ということです。そして、たとえ絶好調であっても、減速を心がけることが大切です。

私自身、経営者として順調に成長していたこの第4外運期に2号店の出店の話を持ち掛けられ、「きっと大丈夫。いける！」と甘い判断をし、大きな損失を出してしまいました。当時は1号店となる薬局を出し、熊本では最年少の薬局経営者として注目を集めていました。1号店の経営もうまくいき、売上は右肩上がりだったのです。

そんなときに2号店出店のお話をいただきました。今振り返ると、出店の企画について詳細に詰めることも、しっかりリサーチすることもせず、「自分はツイているし、きっと大丈夫！」と、安易にアクセルを踏んでしまいました。すべては自分の慢心が招いた結果でした。

すべての人にとって、第4外運期には「魔坂」が潜んでいます。絶好調だからといって、自分を過信せず、意識的にスピードを緩めるようにしてください。そうすれば、運気を大きく下げることを避けられます。そして、翌年に再度アクセルを踏み、9年周期のゴールである第2内運期に向け、金運を最高の状態に持っていけばよいのです。

私自身、次の第4外運期はこの反省を生かしていこうと思っています。その結果、その先の第2内運期ではどんな豊かさが待っているのか、今からとても楽しみです。

金運ルール22

絶好調な第4外運期に潜む「魔坂」を制し収穫時期に向けてスピードを上げていく。

お金を「使う時期」「寝かせる時期」は、9年周期のバイオリズムでわかる

人生に9年周期のバイオリズムがあることがわかっていると、お金との付き合い方がより明確になり、その結果、金運を上げることができます。

具体的にいうなら、「お金を積極的に使っていく時期」と、「お金を寝かせて静かに過ごす時期」を知って、それを守った行動をしていけば、よりよい形でお金を使ったり、増やしたりできるようになります。

「お金を積極的に使っていく時期」は、9年周期の第2外運期と、第3外運期。

この時期は、もう迷っている暇はありません。最大のお金の「攻め」ができる時期ですから、新たな投資や新しい事業のスタートなど、長年の夢を叶えるために、積極的にお金を使っていくべきです。ここで使うことで一時的に資金は減りますが、ゴー

ルとなる第2内運期、つまり収穫時期に向けての先行投資ですから、ためらわずにお金を出しましょう。

一方、**「お金を寝かせて静かに過ごす時期」は、9年周期の第5内運期**。

第5内運期は運気が弱まり、物事が停滞します。運勢が来年の第1外運期に備えて、生命エネルギーを蓄えるために、エコノミーモードに入ります。それは、冬眠や体力回復のための睡眠に似ています。この時期は気力、体力、能力が弱まり、もの忘れやミスが多くなります。財運、良縁も不調なので、経済活動は慎重に行いましょう。

さらに栄養と睡眠を十分にとり、健康維持に努め、忍耐力と英気を養うことが大切です。ふだんよりもお財布のひもを固くして、なるべくお金は使わず、使うとしても「現状維持のための防御として使う」という意識を持つことが大切になります。

多くの人が、お金を積極的に使っていく時期に守りに入ったり、お金を寝かせて静かに過ごす時期に大きな投資をしてしまったりしています。時期を間違えると、せっかく収穫時期となる第2内運期がきても、少しの収穫で終わってしまいます。

本書を読み進めてくださったあなたには、ぜひこの金運バイオリズムを知り、次の第2内運期の収穫の秋には、たくさんの豊かさを得てほしいです。

金運ルール23

9年周期の金運バイオリズムで、お金を使う時期と守る時期を知り、実践する。

9年周期の金運バイオリズム
――あなたは今、どこにいるのか？

私が気の學問と出合ったとき、もっとも驚いたのが、この9年周期のバイオリズムでした。自分の人生の流れと、ぴったり一致していたからです。

２０１１年に初めて会社を興すも、売上が立たず倒産（↓5内運期）。２０１４年、よい出会いに恵まれ薬局1号店をオープン（↓第3外運期）したものの、２０１５年は慢心して2号店を出して損害を出し閉店（↓第4外運期）。本格的にこの学問を学んでからは、この9年周期の金運バイオリズムを意識し、２０２１年は薬局が2店舗から6店舗に（↓第1外運期）。そして、２０２２年にはグループ内の店舗が10店舗に増えました（↓第2外運期）。

そのほかの年度についても、この9年周期のバイオリズムとすり合わせてみると、納得することばかりだったのです。

あなたの「金運バイオリズム」――9年周期の人生年表

まずはあなたの誕生年を下の表に書き込み、以降、自分の各年齢時の西暦も書き込みましょう。
そして、その年にあった象徴的な自分のエピソードを記しつつ、
運気がどうだったかを確認してみてください。

周期	運期	西暦	出来事
4／9	第4外運期	年(誕生年)	この世に生まれる。
5／9	第5外運期・第1内運期	年（1歳）	
6／9	第2内運期	年（2歳）	
7／9	第3内運期	年（3歳）	
8／9	第4内運期	年（4歳）	
9／9	第5内運期	年（5歳）	
1／9	第1外運期	年（6歳）	
2／9	第2外運期	年（7歳）	
3／9	第3外運期	年（8歳）	
4／9	第4外運期	年（9歳）	
5／9	第5外運期・第1内運期	年（10歳）	
6／9	第2内運期	年（11歳）	
7／9	第3内運期	年（12歳）	
8／9	第4内運期	年（13歳）	
9／9	第5内運期	年（14歳）	
1／9	第1外運期	年（15歳）	
2／9	第2外運期	年（16歳）	
3／9	第3外運期	年（17歳）	
4／9	第4外運期	年（18歳）	
5／9	第5外運期・第1内運期	年（19歳）	
6／9	第2内運期	年（20歳）	
7／9	第3内運期	年（21歳）	
8／9	第4内運期	年（22歳）	
9／9	第5内運期	年（23歳）	
1／9	第1外運期	年（24歳）	
2／9	第2外運期	年（25歳）	
3／9	第3外運期	年（26歳）	
4／9	第4外運期	年（27歳）	
5／9	第5外運期・第1内運期	年（28歳）	
6／9	第2内運期	年（29歳）	
7／9	第3内運期	年（30歳）	
8／9	第4内運期	年（31歳）	
9／9	第5内運期	年（32歳）	
1／9	第1外運期	年（33歳）	
2／9	第2外運期	年（34歳）	
3／9	第3外運期	年（35歳）	
4／9	第4外運期	年（36歳）	
5／9	第5外運期・第1内運期	年（37歳）	
6／9	第2内運期	年（38歳）	
7／9	第3内運期	年（39歳）	
8／9	第4内運期	年（40歳）	
9／9	第5内運期	年（41歳）	
1／9	第1外運期	年（42歳）	
2／9	第2外運期	年（43歳）	
3／9	第3外運期	年（44歳）	
4／9	第4外運期	年（45歳）	
5／9	第5外運期・第1内運期	年（46歳）	
6／9	第2内運期	年（47歳）	
7／9	第3内運期	年（48歳）	
8／9	第4内運期	年（49歳）	
9／9	第5内運期	年（50歳）	
1／9	第1外運期	年（51歳）	
2／9	第2外運期	年（52歳）	
3／9	第3外運期	年（53歳）	
4／9	第4外運期	年（54歳）	
5／9	第5外運期・第1内運期	年（55歳）	
6／9	第2内運期	年（56歳）	
7／9	第3内運期	年（57歳）	
8／9	第4内運期	年（58歳）	
9／9	第5内運期	年（59歳）	
1／9	第1外運期	年（60歳）	
2／9	第2外運期	年（61歳）	
3／9	第3外運期	年（62歳）	
4／9	第4外運期	年（63歳）	
5／9	第5外運期・第1内運期	年（64歳）	
6／9	第2内運期	年（65歳）	

では、**あなたはいま、9年周期のどこに位置しているのか？　人間は必ず第4外運期で命を授かり、この世に誕生します。まずは、173ページの人生年表に「自分史」を書き込み、「今年の自分」が9年周期のどこに該当するのかを確認してみましょう。**

人によって、現在の位置はさまざまです。これから運気が上り調子になる「第2外運期」や「第3外運期」の人もいれば、内面を深く見つめ、次の9年周期に備える必要のある「第5内運期」の人もいるでしょう。

まずは今、自分がいる位置を確認し、収穫時期である第2内運期に向かって、自分の20の才能を使って何ができるかを考え、計画を立ててみてください。自分の運の流れを知り、それに即した生き方をすれば、運を味方につけて大きな豊かさを手に入れることができるようになります。

金運ルール24

自分の金運バイオリズムの位置を知って、9年周期の「収穫期」に向けて準備する。

あなたのお財布から出ていったお金は、「9年後」に育って戻ってくる

お正月や夏休みなどで里帰りすると、ホッとしてくつろいだ気分になるという方は多いと思います。私も大学への進学で東京に住んでいたころ、正月などに熊本の実家に帰ると、リラックスできる感覚を味わっていました。

里帰りする場所、つまり実家には、自分が昔過ごした記憶があるからでしょう。一度家を出たとしても、懐かしい記憶があるからこそ、人は実家に戻るとホッとするわけです。

じつは、金運にも「里帰り」があります。それは、9年周期の収穫の秋である第2内運期にあたります。**金運はこの9年周期の中で徐々に成長し、ゴールである収穫の秋に一番大きくなった状態で、あなたのもとに里帰りする**のです。

つまり、私たちは日々、お金という形をした自分の金運カエルを旅させているともいえるのかもしれません。

あなたのお財布から出て行ったお金たちは、9年周期の中でいろいろな場所を旅し、収穫時期となる第2内運期になると、あなたのもとに戻ってきてくれるのです。このときに受け入れる私たちが、「卵」や「オタマジャクシ」の状態から育って、「賢者」や「大賢者」になっていればいるほど金運が上がり、戻ってくるお金も多くなります。なぜなら、お金たちにとって、居心地の良い実家に帰るようなものだからです。

9匹のカエルと金運は、表裏一体。金運カエルを育てるには、自分自身が20の才能を磨けば、お金はついてくるのです。「お金」だけでなく、「人間関係」「仕事」「健康」と、すべての運気を底上げしていく必要があります。

また、私たちがまだ若い、つまり「オタマジャクシ」のときは、里帰りといっても戻ってくるお金は少額です。そこから次の9年で少し成長し、「オタマジャクシ」から「カエル」になると、お金は少数の仲間と連れ立って戻ってきます。そして次の9年でさらに私たちが人間的成長を遂げると、お金は大勢の仲間を引き連れて戻ってきてくれます。

最初の9年はひとりで里帰りをし、次の9年はパートナーと一緒に、さらに次の9年ではお金がお金を生んで、大勢連れて帰ってきてくれます。

このように、9年周期をうまく利用すれば、お金というのはさらによい循環を生み出し、増えていくのです。

金運が高まるということは戻ってくるお金が増えるということ。9年周期で目標を立て、20の才能を磨いていく。そうすれば、たくさんのお金たちがあなたのもとに戻ってきてくれます。

金運ルール25

9年周期のゴールに向けて金運を高めれば、戻ってくる金運カエルも多くなる。

今年の「主役カエル」を知ることで、「自分の器」を大きくできる

私たち一人ひとりに、9匹のうちの1匹のカエルの特徴が備わっていますが、じつは**その年ごとに、地球上の「主役のカエル」は変わります**。

たとえば、2022年は「地球カエル」が主役でした。2023年は「風カエル」が主役となり、2024年は「雷カエル」、2025年は「谷カエル」が主役となります。そして、それぞれのカエルが持つ学びのテーマが、地球全体にかかってくることになります。

そのため、その年のカエルによって、学ぶ内容も変わります。

あなたの人間性を高め、もっと豊かに生きていくために、次の情報を参考にしてみてください。

【9匹のカエルが、地球上の主役になる年】

- **「風カエル」が主役**……2023年、2032年、2041年、2050年
- **「雷カエル」が主役**……2024年、2033年、2042年、2051年
- **「谷カエル」が主役**……2025年、2034年、2043年、2052年
- **「水カエル」が主役**……2026年、2035年、2044年、2053年
- **「火カエル」が主役**……2027年、2036年、2045年、2054年
- **「山カエル」が主役**……2028年、2037年、2046年、2055年
- **「オアシスカエル」が主役**……2029年、2038年、2047年、2056年
- **「天カエル」が主役**……2030年、2039年、2048年、2057年
- **「地球カエル」が主役**……2031年、2040年、2049年、2058年

たとえば、地球全体が風カエルの動きをする2023年は、自分が風カエルでなかったとしても、風カエルのやり方を学ぶ時期ということ。2023年は風カエルのようにさわやかに人を助けることを心がけたり、人と人とをつなぐ役割を担ったり。そうすることで、自分が本来持っている性質と違う面の人間性を伸ばしていけるというわ

けです。

別の見方をすると、その年の地球のテーマを意識して過ごすということは、自分とは異なるカエルの20の才能をマスターする時期ともいえます。

もちろん、自分がオアシスカエルならオアシスカエルとして、火カエルなら火カエルとして、それぞれの20の才能を磨いていくことも大切ですが、自分とは異なるカエルの才能を意識して取り入れることも、じつはとても大切なことです。

人としての器を広げていくと、「卵→オタマジャクシ→カエル→賢者→大賢者」へと変わっていくスピードが速くなるのです。ご自身のカエルはもちろん、その年のカエルのタイプもぜひ意識しながら過ごしてみてください。

金運ルール26

今年の主役カエルのテーマから人間性を学び、ビジネスチャンスをつかむ！

「運がいい人」の不運のやり過ごし方

よい運気に乗っている人ほど、「人間万事塞翁が馬」ということわざのような考え方を大切にしています。

その考え方のひとつとは、人生ではよいことも悪いことも予測できない。幸せが不幸に、不幸が幸せに、いつ転じるかわからない。だからこそ、安易に喜んだり悲しんだりするなということ。もうひとつは、人生において何がよくて何が悪いのかは、後になってみないとわからないということです。

不幸や失敗、つらい出来事というのは、人生にはつきものです。お金を失う、人間関係が壊れる、職を失うなど、不幸・不運な体験というのは、誰もが経験してきていると思います。9年周期で見ると、運勢のピークを迎えて慢心しやすい第4外運期、もしくは運気がもっとも低迷する第5内運期に、さまざまな問題が起こりやすいといえます。

そうした時期にあって、運がいい人というのは、どんな経験も「これでいいのだ」と思えるのです。つねに「これでいいのだ」と思えるようになると、人生に失敗というものがなくなります。

たとえば、大学受験で第1志望校に落ちて第2志望校に行くことになったとしましょう。けれどもそこで「ああ、第1志望校に行けていたらなあ」と思い続けていたら、第2志望校に通い始めても、楽しめないでしょう。

第1志望校とご縁がなかったのは残念だったかもしれません。けれど、「これでいいのだ」と思って第2志望校での生活を充実させれば、第1志望の大学ではできない経験ができるはずです。そうなれば、行けなかったことは失敗ではなくなります。

すべてに対して「これでいいのだ」と、自分の中の深い部分で腑に落ちたときに、不運は幸運に切り替わります。

つまり、運がいい人というのは、すべての物事を「これでいいのだ」と、肯定的にとらえ、一見、不運に見えるものを幸運に変えていく人たちのことなのです。そうなったとき、その人は強運に見舞われ、運の上昇気流に乗ることができます。

ぜひ、9年周期の中でも、足をすくわれやすかったり、運が停滞しやすかったりする時期には、どんなことも「これでいいのだ」と受け止めてみてください。そこから必ず運気は回復していきます。

最後に……もうおわかりの方もいらっしゃるかもしれませんが、マンガ『天才バカボン』の主人公・パパは、いつも「これでいいのだ」と言っています。ある意味、バカボンのパパはいつも最強で、幸せな人ということになりますね。

金運ルール27

トラブルが起きても「これでいいのだ」と受け入れることで、不運も幸運に変わる。

9匹のカエルに加えて、「十干」と「十二支」も知っておく

巻頭の早見表には、あなたのカエルのタイプを示す欄のほかに、「十干《じっかん》」と「十二支《じゅうにし》」というものが書かれています。

「十干」は、甲《こう》、乙《おつ》、丙《へい》、丁《てい》、戊《ぼ》、己《き》、庚《こう》、辛《しん》、壬《じん》、癸《き》と10種類あります。これはその人の人格の核となる気性や行動特性を表します。

「十二支」は、年賀はがきなどでおなじみですが、子《ね》、丑《うし》、寅《とら》、卯《う》、辰《たつ》、巳《み》、午《うま》、未《ひつじ》、申《さる》、酉《とり》、戌《いぬ》、亥《い》の12種類です。これはその人の第一印象や性格や行動パターンを表します。

そして、私たちが何ガエルかを表す9つの「九性」は、その人の本質を表します。

私たちは誰でも、九性（9匹のカエル）、十干、十二支という3枚のカードを持っ

て生まれています。この時点ですでに1080種類の組み合わせができることになります。さらにそこに、生まれ育った場所や環境が関わってきて、ひとりの人間を形作っていく。この世に一人として同じ人間はいないことが、ここでもよくわかります。

「十二支」は、毎年の地球全体のテーマも表しています。地球がどのような動きをするかも、ここから読み取ることができます。たとえば、2023年は卯年です。卯という字には「豊」という意味があり、この1年は豊かさの中で登り進んでいくことがテーマとなります。その次の2024年は「辰」。これに雨冠をつけると「震」になります。「この年は大きな地震が来る可能性があるので、注意してください」ということになります。十二支を知ることでも、その1年に即した未来予想図を作れるようになるのです。

また、丙午《ひのえうま》の年（1966、2026年）は子どもの出生率が下がるのをご存じですか？　丙午は、十干の「丙」も十二支の「午」も自己主張が強く、好き嫌いがはっきりした性格を持つといわれ、「丙午に生まれた女性は気が強くて大変」と言われてきたからです。地球カエルの寅年（1914、1950、1986、2022年）も、子どもの出生率は低くなります。ただでさえパワフルな「地球カエル」と豪傑な性格を持つといわれる「寅」が組み合わさると、エネルギーが強くなりすぎるとされてきたからです。女の子が生まれたら苦労するからということで、それらの年は出産を避けたのでした。

なお、十干十二支の組み合わせは、60通りできます。そのため、60年経つと私たちは生まれた年の十干十二支に戻るのです。たとえば、1963年生まれの人は、十干が「癸」で十二支が「卯」ですが、60歳を迎える2023年に、また「癸」「卯」が巡ってきます。このように60歳は「還暦」といわれ、またここから新しく人生が始まるということを表しています。

ここで十干十二支について詳しく述べると、本が1冊できてしまうくらいの情報量なので今回は割愛しますが、**「9匹のカエル」と同時に「十干」「十二支」を知ると、より精巧に成功のタイミングを知ることができる、**とだけ覚えておいてください。

金運ルール28

「十干、十二支」の意味を知ると金運の動きがより詳しくわかる。

あとがき
「経済的な豊かさ」と「心の豊かさ」を手に入れる

本書のベースとなっている金運気学は、「はじめに」のページでも触れましたが、日産鮎川義塾塾長の徳山暉純氏から学んだ「気の學問」を、自分なりに解釈し直してつくり上げたものの中のひとつにすぎません。

もともと私は、目に見えるものしか信じていませんでした。長年、目に見えるものがすべてだと思って生きてきました。

しかし、この教えを知ってから、普段目に見えないものに意識を向け始め、少しずつわかってきたことがあります。目に見える、見えないというのは、物事に対する視点を変えることでもあるということです。

たとえば、公園などにある木。そのままの状態をみたら、根っこまでは見えません。けれども、木が生えている地面の下には、木の根があります。ただ、目には見えないので、そこに意識を向けなければ、木の根があることすら忘れてしまいます。

また、私は海が大好きなので、夏は海水浴に行きますし、ダイビングで海に潜ることもあります。けれど、海水浴だけでは、海の底まで見ることはできません。ダイビングを始めたことで、海の底があること、その周辺はどんな様子をしているのかを知りました。

木の根も海底も、確かにそこに存在しているけれど、こちらが意識を向けなければ、ないものになってしまいますし、意識を向ければ、在るものになります。自分がどんな意識を持ち、どんな視点で物事を見るかで、世界観というのは大きく変わることを実感しました。

私が学んでいる世界もこれと同じで、勇気をもって心のシャッターを開けてみたら、そこには新しい世界が待っていたのです。

「はじめに」のページでも触れましたが、私が今も学び続けているメソッドを確立した鮎川義介氏は、実業家であり、政治家でもありました。鮎川氏のすごさは、昭和初期、日本初の一般公開持ち株会社である日本産業を中心に、日産自動車、日立製作所、日本鉱業、日本油脂、日本水産、日本ビクターなど141社を立ち上げ、10万人の株主から資本を集め、12万人の従業員を雇用し、三井や三菱を抜いて、当時最大の民主的コンツェルンをつくったといわれることでしょう。そして、その偉業を成し遂げたにもかかわらず、鮎川義介氏は、自分にスポットライトが当たるのを望まなかったそうです。

社名についても、本来なら鮎川産業などと自分の名前をつけてもよさそうなのに、一社たりとも自分の名前をつけていないのです。鮎川氏には「自分は裏方として日本の社会をよくする」というテーマがあったからだそうです。

日本の大企業の中では、本田技研工業株式会社であれば本田宗一郎、トヨタ自動車株式会社であれば豊田喜一郎など、創設者の名前を社名につけることが多いのですが、日産だけが「日本産業」なのです。鮎川氏の「日本の産業をよくしたい」という思いから始まっているので、自分の名前は一切出していないのです。

ですから、「鮎川義介さん」といっても、知らない方が多いのですが、日本の産業の礎を築いた方なのです。ものすごく大きな陰徳を積まれた方でもありました。

現在は、鮎川義介氏の義娘でその精神を受け継ぐ鮎川雅子氏が日産グローバル株式会社の代表取締役を務めておられます。同社はコンサルティング事業のほか、「氣の學問」と「鮎川事業哲學」をベースにした「日産鮎川義塾」を全国で展開。同塾の塾長を務めているのが徳山暉純氏であり、私はおふたりの弟子として、さまざまなことを教えていただいています。

本書では、9匹のカエルを通してさまざまな金運の上げ方をお伝えしてきました。メソッドにしたがって実践していくと、「経済的な豊かさ」はもちろん、「心の豊かさ」までも手に入れることができます。

この両方が揃ったときにはじめて、人は自分を救うことができ、自分以外の誰かをも救うことができると、私は確信しています。そしてそれが、私の「成功哲学」です。

心の豊かさというのは人間形成に通じます。20の才能を磨き、人格者になっていけばいくほど、どんな問題が起きたとしても、乗り越えていくことができます。

じつは、これこそが一番大事なことであり、人生の財産なのではないかと思っています。ぜひあなたも、この素晴らしい財産を手に入れてください。

「気の學問」と出合い、私の考え方、人生が大きく変わりました。素晴らしい智慧を授けてくださる鮎川雅子先生、徳山暉純先生に、改めて御礼申し上げます。また、全国の鮎川義塾の塾生、および塾長の鳥内浩一様、新庄一範様、林正孝様、堤由紀子様、阿部友紀子様、後藤真由子様、安部紀江様、山下謙治様、そして我々を指導してくださる日産鮎川義塾塾頭の小林一光様に、心から感謝いたします。

いつも支えてくれているスタッフや家族、関係者の皆様、ご愛顧くださる方々、日々の生活が才能を磨く豊かさへの道であることに気づかせてくれました。誠にありがとうございます。

あなたは今、何を大切に生きたいと思っていますか？

金運を高めるのはもちろん、あなたが大切にしたいものを守るために、最大限の力がつく人格形成の場。この本が、その登竜門的な存在になることができましたら幸いです。

さとう　たくじ

さとうたくじ　*Sato Takuji*

東京都生まれ。本名は佐藤拓司。生活困窮のため大学時代は新宿歌舞伎町でホストに。26歳で薬剤師になる。その後、幼少期・青春期を過ごした熊本で起業するが失敗。30代前半までの人生のどん底期、目に見えるものしか信じられず、お金や地位や名誉ばかりを追い求めていた"不心得者"だったことに、その頃ようやく気づく。34歳のとき、わずか３人での小さな調剤薬局から再スタート。翌年、人生の師と出会い、気学を学ぶことでその後の人生が変わっていく。経営上の失敗で6000万円の借金を背負うことになるが、老人ホームやご自宅への薬の配達、服薬指導をするなど「在宅医療」支援に積極的に取り組み、地域社会への貢献を強く意識する経営者に成長。また、人生の師からの学びと自身の経験を体系化して、経営者や個人起業家を指導するスクールも開校。これまで延べ1200名以上に教え、その過半数が売上を２倍、３倍へと伸ばしている。アルファルマ株式会社代表取締役、アルファルマホールディングス株式会社代表取締役社長。日産鮎川義塾九州本校塾長。全米NLP協会公認トレーナー。全国各地で多くの講演、セミナーも実施。2023年にはセミナー講師の甲子園とも呼ばれる「セミコングランプリ」で日本一を獲得。
https://www.sato-takuji.com/

お金持ちになれる「金運カエル」の育て方
気学的人生設計のすすめ

著　者　さとうたくじ
編集人　新井晋
発行人　倉次辰男
発行所　株式会社 主婦と生活社
〒104-8357　東京都中央区京橋3-5-7
TEL 03-3563-5136（編集部）
TEL 03-3563-5121（販売部）
TEL 03-3563-5125（生産部）
https://www.shu.co.jp
製版所　東京カラーフォト・プロセス株式会社
印刷所　大日本印刷株式会社
製本所　共同製本株式会社

ISBN978-4-391-16026-0